U0937074

西南财经大学中央高校基本科研业务费专著出版与后期资助项目（项目编号：JBK2104017）

（2020）
民营经济发展报告

SICHUAN SHENG
MINYING JINGJI FAZHAN
BAOGAO（2020）

袁　正◎著

西南财经大学出版社
中国·成都

图书在版编目(CIP)数据

四川省民营经济发展报告.2020/袁正著.--成都:
西南财经大学出版社,2025.4.--ISBN 978-7-5504-6612-8

Ⅰ.F121.23

中国国家版本馆 CIP 数据核字第 2025DY1497 号

四川省民营经济发展报告(2020)

袁正　著

策划编辑:李晓嵩

责任编辑:李晓嵩　段佩佩

责任校对:杜显钰

封面设计:墨创文化

责任印制:朱曼丽

出版发行	西南财经大学出版社(四川省成都市光华村街 55 号)
网　　址	http://cbs.swufe.edu.cn
电子邮件	bookcj@swufe.edu.cn
邮政编码	610074
电　　话	028-87353785
照　　排	四川胜翔数码印务设计有限公司
印　　刷	四川永先数码印刷有限公司
成品尺寸	170 mm×240 mm
印　　张	11.5
字　　数	202 千字
版　　次	2025 年 4 月第 1 版
印　　次	2025 年 4 月第 1 次印刷
书　　号	ISBN 978-7-5504-6612-8
定　　价	88.00 元

前言

QIANYAN

2018年11月1日，习近平总书记在民营企业座谈会上发表重要讲话。改革开放40余年来，民营企业蓬勃发展，民营经济从小到大、由弱变强，在稳定增长、促进创新、增加就业、改善民生等方面发挥了重要作用。民营经济具有“56789”的特征，即贡献了50%以上的税收，60%以上的国内生产总值，70%以上的技术创新成果，80%以上的城镇劳动就业，90%以上的企业数量。民营经济是我国经济制度的内在要素，是推动社会主义市场经济发展的重要力量，是社会主义市场经济发展的重要成果。习近平总书记强调，“非公有制经济在我国经济社会发展中的地位和作用没有变，我们毫不动摇鼓励、支持、引导非公有制经济发展的方针政策没有变，我们致力于为非公有制经济发展营造良好环境和提供更多机会的方针政策没有变”，“我们要毫不动摇巩固和发展公有制经济，毫不动摇鼓励、支持、引导非公有制经济发展”，“保证各种所有制经济依法平等使用生产要素、公平参与市场竞争、同等受到法律保护”。

2020—2021年，笔者作为课题组成员参与了四川省民营经济的一些研究工作。四川省积极落实《中共中央 国务院关于营造更好发展环境支持民营企业改革发展的意见》第二十七条“将支持民营企业发展相关指标纳入高质量发展绩效评价体系，加强民营经济统计监测和分析工作”相关要求，四川省率先探索建立民营经济统计监测体系，自2019年一季度开始，便按时印发季度报告和年度报告。这种做法在国内具有创新性。笔者参与了2020年四川省民营经济发展的监测及报告的研究工作，其间研究编制出四川省民营经济发展指数，这是国内首份民营经济发展指数，一经推出便引起了较大的反响，众多媒体纷纷对此予以了报道和关注。

本书以“2020 年四川省民营经济发展报告”为核心内容，对四川省民营经济发展状况进行了全面而系统的概述，整理了 2020 年一季度、上半年度、三季度、年度的四川省民营经济发展状况。除此之外，本书也开展了几项专题研究，包括四川省营商环境分析、四川省民营企业问卷调查、四川省领军民营企业研究、四川省民营上市公司发展状况、2020 年达州市民营经济发展状况、四川省促进民营经济健康发展相关政策、四川省民营企业发展案例。这些研究有助于人们全面、系统了解 2020 年四川省民营经济的发展状况，为制定促进民营经济健康发展的政策提供有益参考。

在此，诚挚感谢四川省民营办、达州市市场监管局给予的支持。本书的相关研究成果，获得了四川省领导的肯定性批示。感谢西南财经大学中央高校基本科研业务费项目、西南财经大学出版社及李晓嵩编辑的支持。

袁正

2025 年 3 月

目录

MULU

第一章　四川省民营经济发展概述

第一节　我国民营经济发展历程

新中国成立初期，我国对民营经济是利用和限制的政策。毛泽东在党的七届二中全会上提出，“尽可能地利用城乡私人资本主义的积极性，以利于国民经济的向前发展”，但又“不是如同资本主义国家那样不受限制任其泛滥”。经过三大改造以后，我国民营经济暂时退出历史舞台。

党的十一届三中全会以后，中国共产党破除所有制问题上的传统观念束缚，为非公有制经济发展打开了大门。1979 年，邓小平在人民大会堂福建厅请五位原工商业者——胡厥文、胡子昂、荣毅仁、古耕虞和周叔弢吃火锅，提出钱要用起来，人要用起来，打开了非公有制经济发展的禁区。1980 年，温州的章华妹领到了第一张个体工商户营业执照。20 世纪 80 年代初，安徽芜湖个体户年广久炒卖“傻子瓜子”受到市场追捧，两年内发展成一个年营业额 720 万元、雇工 140 人的私人企业。如何定夺小小瓜子里面的大是大非？邓小平批示“先不要动他”，既不肯定也不否定，先看一看、试一试。

1981 年 6 月，党的十一届六中全会通过的《关于建国以来党的若干历史问题的决议》提出：“国营经济和集体经济是我国基本的经济形式，一定范围的劳动者个体经济是公有制经济的必要补充”，一大批民营企业蓬勃兴起。1982 年 2 月，党的十二大明确指出：“在农村和城市，都要鼓励劳动者个体经济在国家规定的范围内和工商行政管理下适当发展，作为公有制经济的必要的、有益的补充。”1982 年 12 月，第五届全国人民代表大会第五次会议通过了《中华人民共和国宪法》，明确“国家保护个体经济的合法权利和利益”。1987 年 10 月，党的十三大明确指出，“必须以公有制为主体，大力发展有计划的商品经济”，“对于城乡合作经济、个体经济和私营经济，都要继续鼓励它们发展”。

1988年4月，第七届全国人民代表大会第一次会议通过的《中华人民共和国宪法修正案》规定：“国家允许私营经济在法律规定的范围内存在和发展。私营经济是社会主义公有制经济的补充。国家保护私营经济的合法的权利和利益，对私营经济实行引导、监督和管理。”至此，我国在《中华人民共和国宪法》中明确了民营企业的地位，也开始了对民营企业合法权益的保护工作。

1992年，邓小平发表南方谈话后，全国兴起了新一轮创业兴业、发展民营经济的热潮，很多知名大型民营企业都是这个时期起步的。1993年11月，党的十四届三中全会指出：“必须坚持以公有制为主体、多种经济成分共同发展的方针。”1995年9月，江泽民在党的十四届五中全会上强调，“允许和鼓励个体、私营、外资等非公有制经济的发展”，“国家对各类企业一视同仁，为各种所有制经济平等参与市场竞争创造良好的环境和条件”。1997年9月，党的十五大提出，“公有制为主体、多种所有制经济共同发展，是我国社会主义初级阶段的一项基本经济制度”，“非公有制经济是我国社会主义市场经济的重要组成部分”。2002年11月，江泽民在党的十六大报告中指出：“在社会变革中出现的民营科技企业的创业人员和技术人员、受聘于外资企业的管理技术人员、个体户、私营企业主、中介组织的从业人员、自由职业人员等社会阶层，都是中国特色社会主义事业的建设者。”

2002年11月，党的十六大提出“两个毫不动摇”，即“毫不动摇地巩固和发展公有制经济”“毫不动摇地鼓励、支持和引导非公有制经济发展”。2004年3月，第十届全国人民代表大会第二次会议通过《中华人民共和国宪法修正案》，规定“国家保护个体经济、私营经济等非公有制经济的合法的权利和利益。国家鼓励、支持和引导非公有制经济的发展，并对非公有制经济依法实行监督和管理”，同时规定“公民的合法的私有财产不受侵犯”。2005年2月，国务院下发《国务院关于鼓励支持和引导个体私营等非公有制经济发展的若干意见》，提出“非公经济36条”。2007年3月，第十届全国人大五次会议通过的《中华人民共和国物权法》，明确规定了私有财产和公有财产一样受到法律保护，保障一切市场主体的平等法律地位和发展权利。2009年9月，国务院颁发的《国务院关于进一步促进中小企业发展的若干意见》提出“中小企业29条”。2010年5月，《国务院关于鼓励和引导民间投资健康发展的若干意见》提出“非公经济新36

条”。2012 年 4 月，国务院又颁发《国务院关于进一步支持小型微型企业健康发展的意见》，提出一系列支持中小微企业的政策。

2012 年 11 月，党的十八大报告指出：“要毫不动摇巩固和发展公有制经济，毫不动摇鼓励、支持、引导非公有制经济发展，保证各种所有制经济依法平等使用生产要素、公平参与市场竞争、同等受到法律保护。”党的十八届三中全会提出：“公有制经济和非公有制经济都是社会主义市场经济的重要组成部分，公有制经济财产权不可侵犯，非公有制经济财产权同样不可侵犯；国家保护各种所有制经济产权和合法利益，坚持权利平等、机会平等、规则平等，废除对非公有制经济各种形式的不合理规定，消除各种隐性壁垒，激发非公有制经济活力和创造力。”党的十八届四中全会提出，要“健全以公平为核心原则的产权保护制度，加强对各种所有制经济组织和自然人财产权的保护，清理有违公平的法律法规条款”。

2016 年 11 月，中共中央、国务院颁发《关于完善产权保护制度依法保护产权的意见》。2017 年 9 月 9 日，中共中央、国务院印发《关于营造企业家健康成长环境弘扬优秀企业家精神更好发挥企业家作用的意见》，强调要着力营造依法保护企业家合法权益的法治环境，营造促进企业家公平竞争诚信经营的市场环境，营造尊重和激励企业家干事创业的社会环境。2017 年 10 月，党的十九大报告重申“两个毫不动摇”，提出构建“亲”“清”新型政商关系，促进非公有制经济健康发展和非公有制经济人士健康成长，激发和保护企业家精神。

2018 年 11 月 1 日，习近平总书记在民营企业座谈会上发表重要讲话。改革开放 40 余年来，民营企业蓬勃发展，民营经济从小到大、由弱变强，在稳定增长、促进创新、增加就业、改善民生等方面发挥了重要作用。民营经济具有“56789”的特征，即贡献了 50%以上的税收，60%以上的国内生产总值，70%以上的技术创新成果，80%以上的城镇劳动就业，90%以上的企业数量。民营经济是我国经济制度的内在要素，民营企业和民营企业家是我们自己人。民营经济是社会主义市场经济发展的重要成果，是推动社会主义市场经济发展的重要力量。习近平总书记强调，非公有制经济在我国经济社会发展中的地位和作用没有变！我们毫不动摇鼓励、支持、引导非公有制经济发展的方针政策没有变！我们致力于为非公有制经济发展营造良好环境和提供更多机会的方针政策没有变！

2019 年 12 月 4 日，《中共中央 国务院关于营造更好发展环境支持民营企业改革发展的意见》提出 28 条营造更好发展环境支持民营企业改革发展的意见，强调健全平等保护的法治环境，健全执法司法对民营企业的平等保护机制，保护民营企业和企业家合法财产。

第二节　民营经济界定

关于民营经济的定义，截至2020年12月，尚未形成一致的观点，《中国统计年鉴》尚未形成民营经济这一统计对象，《中华人民共和国国民经济和社会发展统计公报》尚未有民营经济有关统计。因此，非公经济、民营经济、私营经济、公众企业等说法在不同地方同时使用，造成概念混乱的情况。《中国统计年鉴》将企业法人按登记注册类型分为内资企业、港澳台商投资企业、外商投资企业，私营企业是内资企业的一个类别；《中国统计年鉴》统计就业时，区分了非私营单位、私营企业和个体就业人数，可见不同部门对民营经济的统计口径不统一。

目前，对民营经济较为认可的定义是除国有及国有控股、集体经济、外商和港澳台商独资及控股之外的经济组织，主要成分是私营企业、个体工商户和农民专业合作社，其中，私营企业和个体工商户占绝大部分。国家统计局《民营经济统计监测方案（试行）》指出，民营经济统计范围主要包括私营经济和个体经济等，范围具体包括：1. 民营企业（除国有控股、港澳台商控股、外商控股之外的企业。2. 民间非营利组织（包括社会团体、民营基金会、民办非企业单位）。3. 个体经营户和农村承包经营户（主要是个体工商户，包括未登记的个体经营户和农村承包经营户）。4. 新型农业经营主体（农业专业大户、农民专业合作社、家庭农场等）。实际上，这个方案也复杂。本书秉持去繁就简的原则，将民营经济主体界定为私营企业、个体工商户和农民专业合作社。

第三节　四川省个体工商户和私营企业发展状况

根据《中国统计年鉴（2020年）》的数据[①]，截至2019年年底，四川省实有个体工商户449.3万户，高于湖北省（396.4万户），略低于河南省（494.8万

① 注：本书所涉及的全国性统计数据均未包括香港特别行政区、澳门特别行政区和台湾地区数据。

户）；山东省最高，有 711. 1 万户，其次是广东省和江苏省（见图 1-1）。

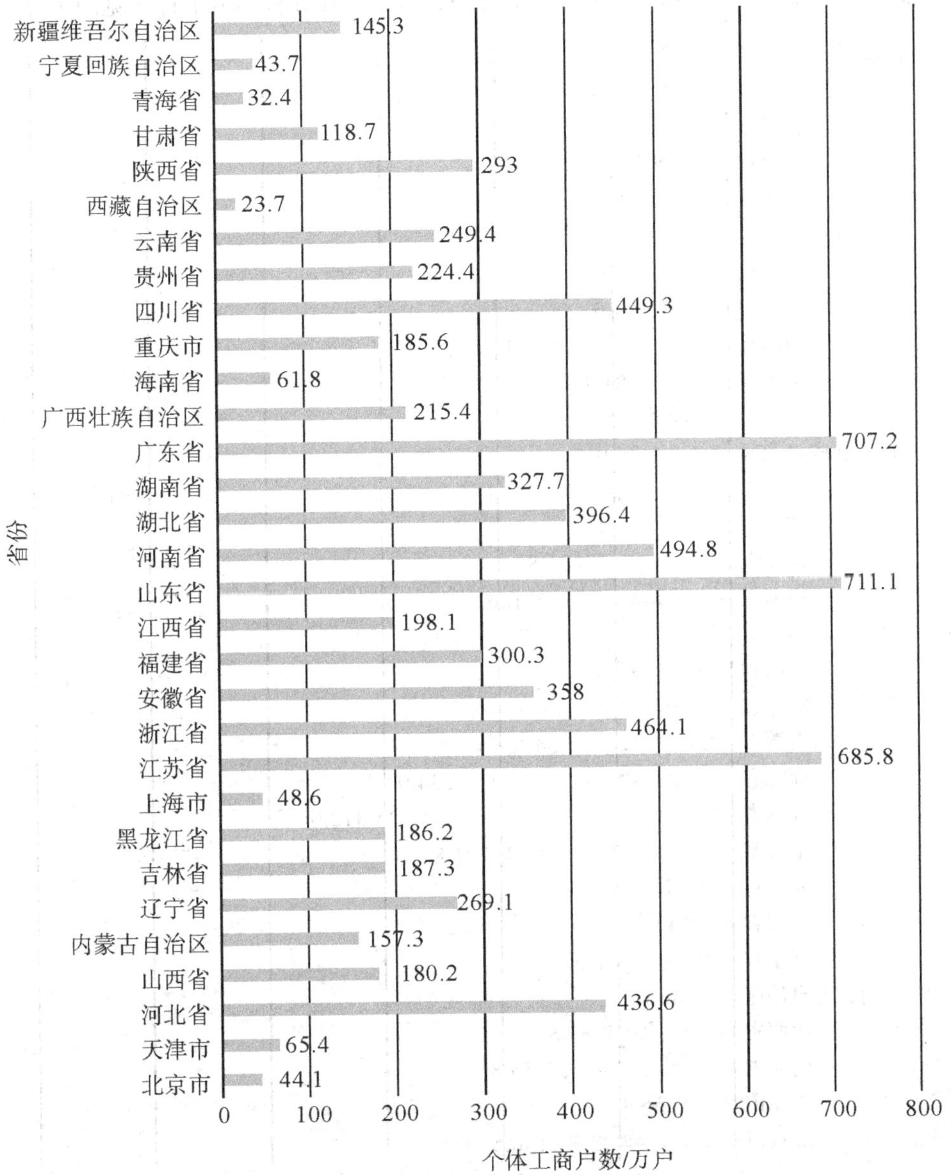

省份	个体工商户数/万户
新疆维吾尔自治区	145.3
宁夏回族自治区	43.7
青海省	32.4
甘肃省	118.7
陕西省	293
西藏自治区	23.7
云南省	249.4
贵州省	224.4
四川省	449.3
重庆市	185.6
海南省	61.8
广西壮族自治区	215.4
广东省	707.2
湖南省	327.7
湖北省	396.4
河南省	494.8
山东省	711.1
江西省	198.1
福建省	300.3
安徽省	358
浙江省	464.1
江苏省	685.8
上海市	48.6
黑龙江省	186.2
吉林省	187.3
辽宁省	269.1
内蒙古自治区	157.3
山西省	180.2
河北省	436.6
天津市	65.4
北京市	44.1

图 1-1　2019 年年末个体工商户数

四川省实有私营企业 137. 3 万户，高于湖北省（121. 8 万户），低于河南省（166. 9 万户）；广东省最高，有 494. 2 万户，其次是江苏省和山东省（见图 1-2）。

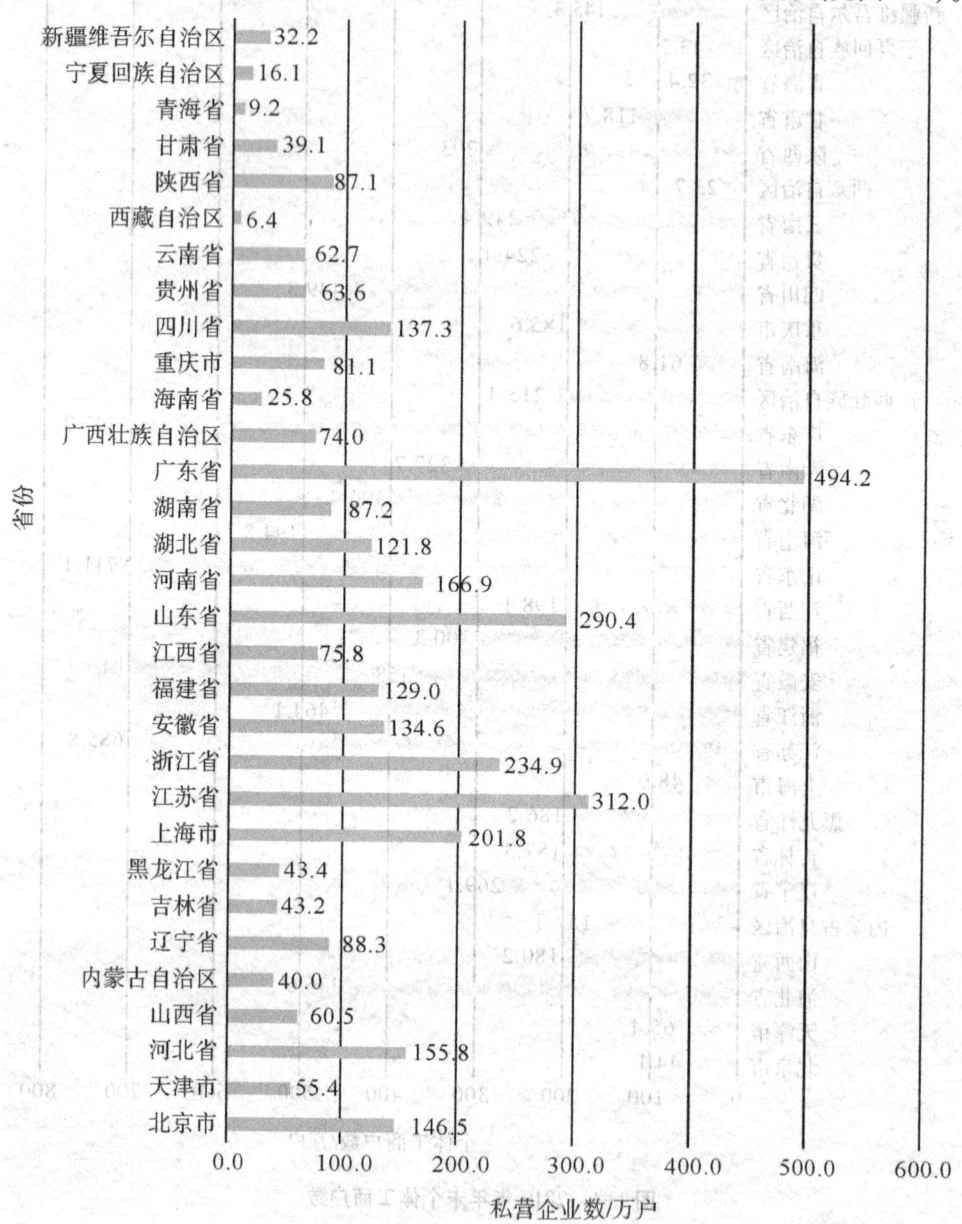

图 1-2　2019 年年末私营企业数

第四节　四川省民营经济增加值发展状况

如表 1-1 所示，1978 年，四川省实现民营经济增加值 6. 36 亿元，占四川省地区生产总值的比重仅为 3. 5%；1990 年，全省实现民营经济增加值 161. 01 亿元，占全省地区生产总值的比重达到 18. 1%；2010 年，全省实现民营经济增加值 9 455 亿元，占全省地区生产总值的比重达到 56%；2020 年，全省实现民营经济增加值 26 532. 93 亿元，占全省地区生产总值比重达到 54. 6%。从 2014 年开始，民营经济的统计口径有变化，2014 年之前的民营经济统计包含外资和港澳台资企业，之后把这两项除去了，因此，2014 年四川省民营经济增加值和地区生产总值占比出现停滞（见图 1-3）。2016—2020 年，四川民营经济增加值占地区生产总值的比重增速缓慢，民营经济的地区生产总值占比分别是 55. 9%、56. 1%、56. 2%、56. 3%、54. 6%（见图 1-4）。

表 1-1　四川省 1978—2020 年民营经济增加值及占比

年份	民营经济增加值/亿元	民营经济增加值 占四川省地区生产总值的比重/%
1978	6. 36	3. 5
1990	161. 01	18. 1
2001	1 370. 51	29. 7
2002	1 699. 03	34. 2
2003	2 013. 35	36. 9
2004	2 568. 45	39. 2
2005	3 210. 57	43. 5
2006	4 047. 68	46. 9
2007	5 273. 00	50. 2
2008	6 516. 76	52. 1
2009	7 663. 20	54. 2
2010	9 455. 00	56. 0

表1-1(续)

年份	民营经济增加值/亿元	民营经济增加值 占四川省地区生产总值的比重/%
2011	12 143. 56	57. 8
2012	14 062. 60	59. 0
2013	15 689. 90	60. 0
2014	15 709. 80	55. 1
2015	16 763. 30	55. 7
2016	18 252. 30	55. 9
2017	20 738. 91	56. 1
2018	22 868. 40	56. 2
2019	26 252. 60	56. 3
2020	26 532. 93	54. 6

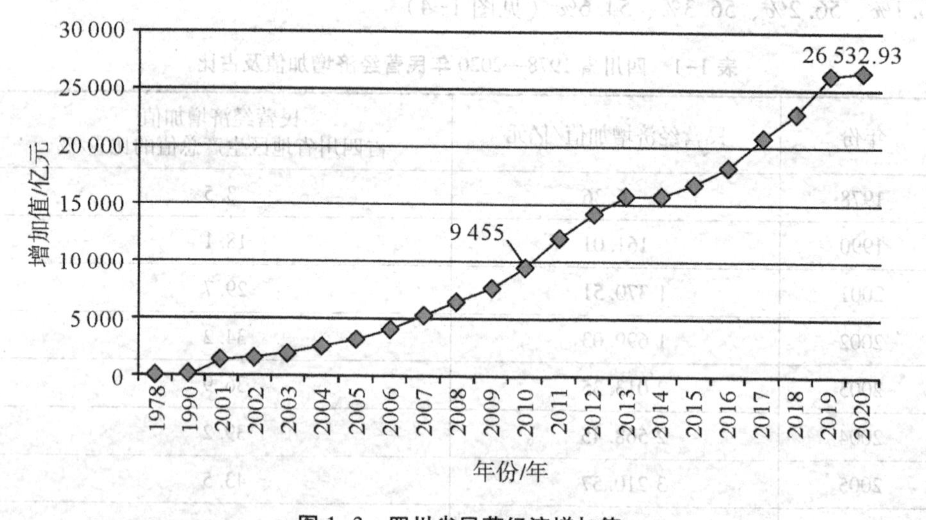

图 1-3　四川省民营经济增加值

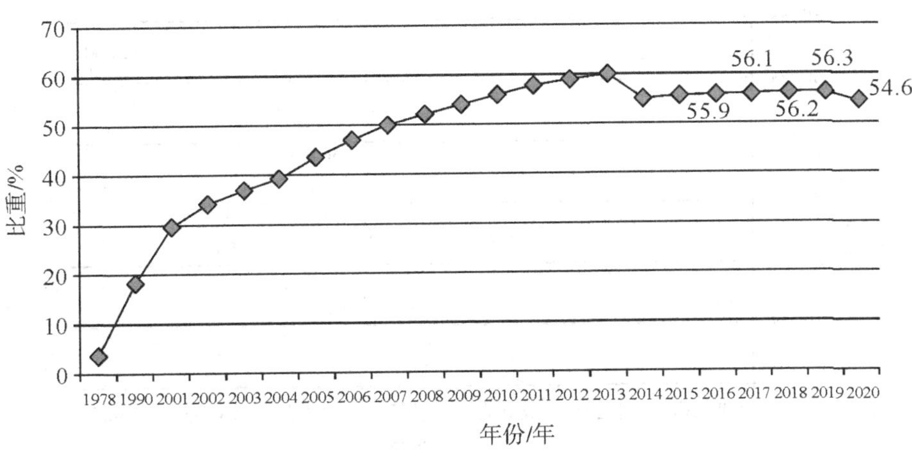

图 1-4 四川省民营经济增加值占地区生产总值的比重

2013—2020 年四川省民营经济增加值增速与四川省地区生产总值增速的对比见图 1-5。2020 年，受新冠疫情影响，四川省民营经济受到更大的冲击，民营经济增加值增速低于地区生产总值增速，其他年份，民营经济增加值的增速均高于地区生产总值。

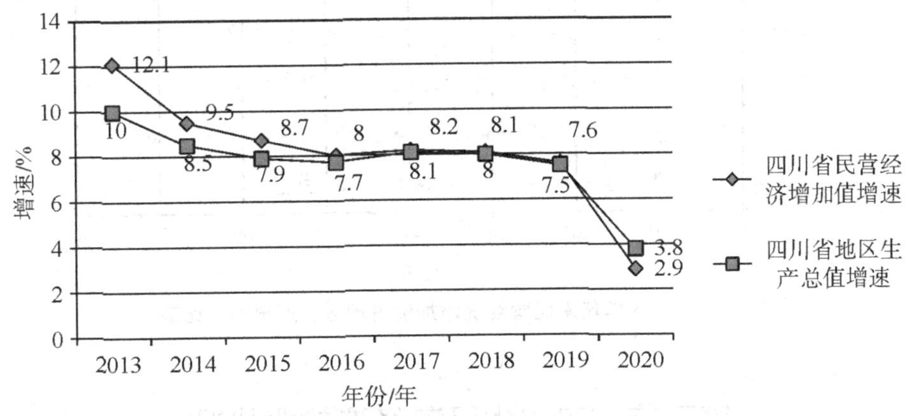

图 1-5 四川省民营经济增加值增速与四川省地区生产总值的对比

截至 2018 年年末，四川省的民营经济增加值是 22 868.4 亿元，比湖北省高出 4.3%，比河北省低 7.07%，需增长 1.3 倍才可达到广东省水平（见图 1-6）。四川省民营经济增加值占四川地区生产总值的比重为 56.2%，比湖北省高出 0.5 个百分点，比重庆市高出 5.4 个百分点，占比低于河北省（68%）、浙江省（65.5%）（见图 1-7）。

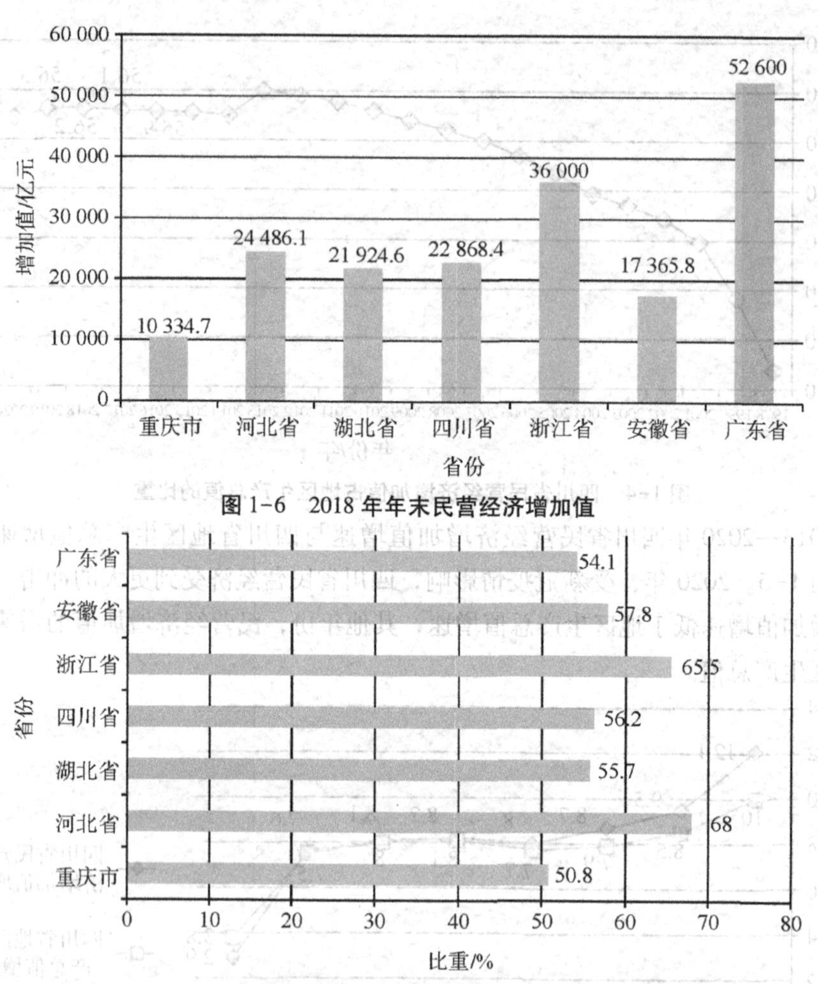

图 1-6　2018 年年末民营经济增加值

图 1-7　2018 年年末民营经济增加值占地区生产总值的比重

第五节　四川省民营经济就业状况

根据《中国统计年鉴（2020 年）》的数据，截至 2019 年年底，四川省私营企业就业人数达到 504.7 万人，湖北省达 801.4 万人，河南省达 862 万人；最高是广东省，私营企业就业人数达到 3 501.6 万人，其次是江苏省、山东省（见图 1-8）。这表明，四川省私营企业带动就业与发达省份的差距甚大，同时增长潜力很大。

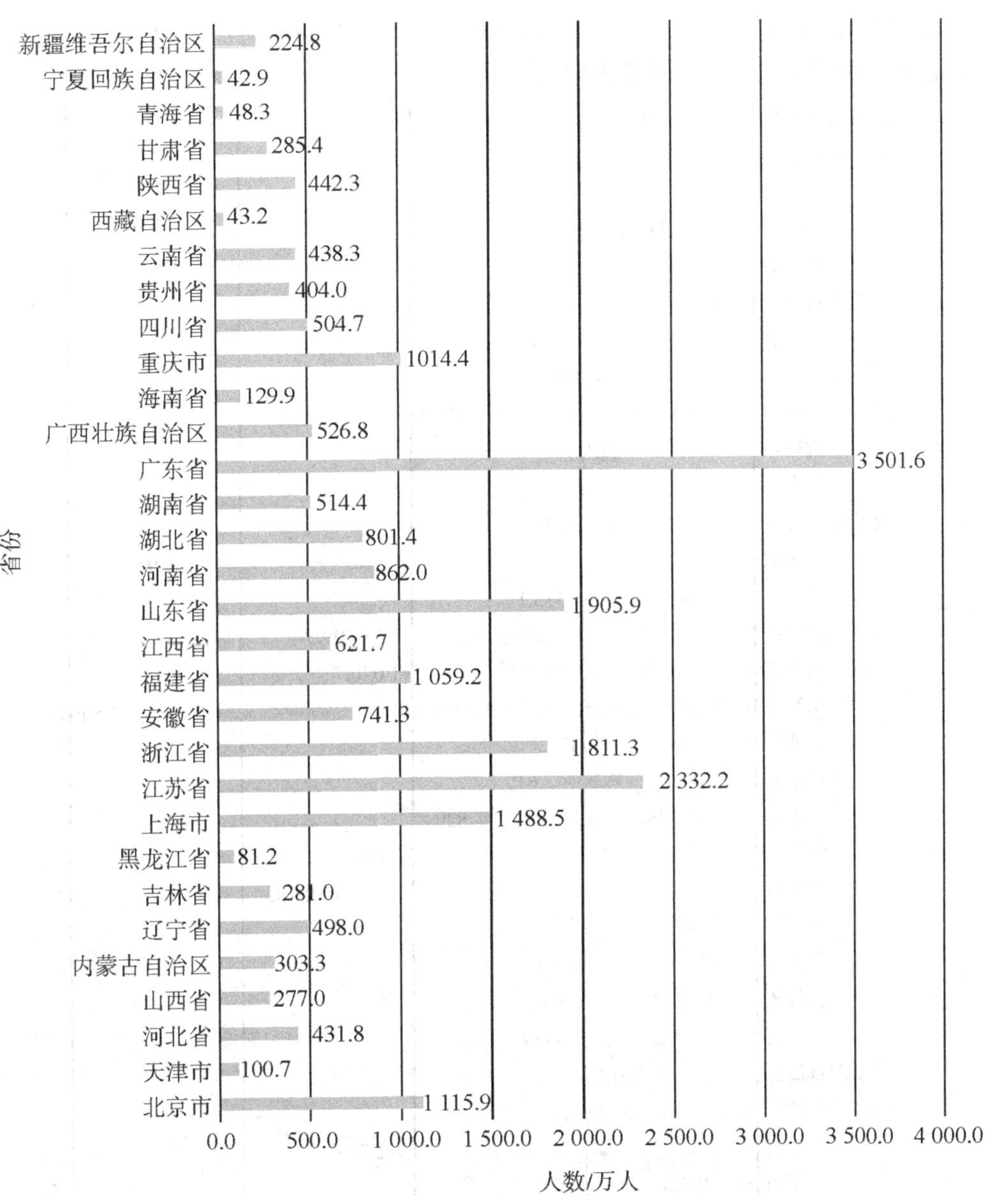

图 1-8　2019 年年末私营企业就业人数

四川省个体工商户就业人数达到 824. 5 万人，湖北省达 1 109. 5 万人，河南省达 1 020. 7 万人，最高是山东省，个体工商户就业人数达到 1 849. 4 万人，其次是广东省、江苏省（见图 1-9）。这表明，四川省个体工商户带动就业与发达省份的差距较大，同时增长潜力较大。

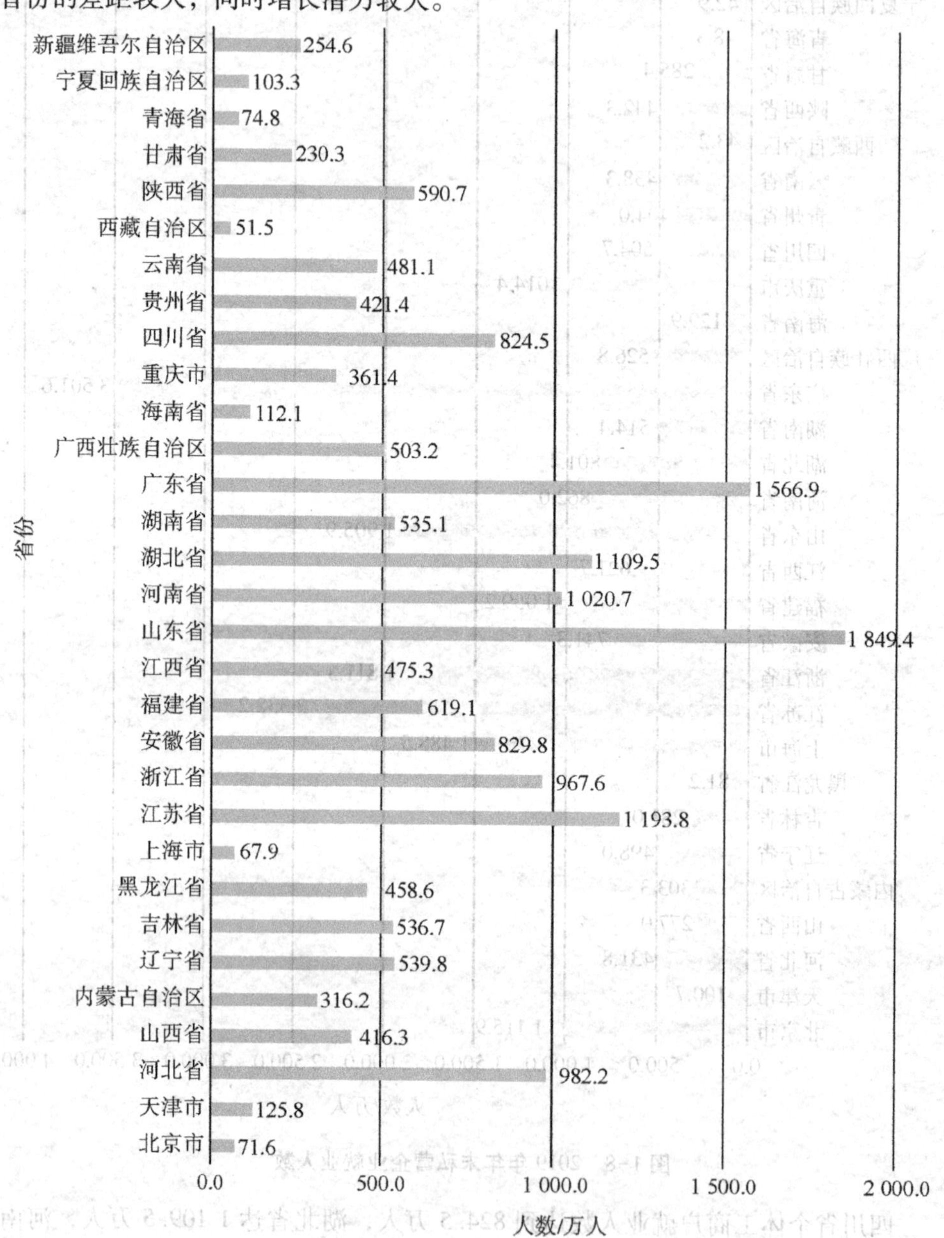

图 1-9　2019 年年末个体工商户就业人数

根据《中国统计年鉴（2020 年）》的数据，截至 2019 年年底，四川私营企业和个体工商户实现就业人数 1 329. 2 万人。其中，批发和零售业就业人数为 556. 2 万人，住宿和餐饮业就业人数为 183. 5 万人，居民服务、修理和其他服务业就业人数为 102. 7 万人，三者实现就业人数居前三位（见图 1-10）。数据表明，服务业是四川民营经济吸纳就业的主体，制造业占比偏弱，只占 8%，需要提振民营经济制造业，解决更多的制造业就业问题。

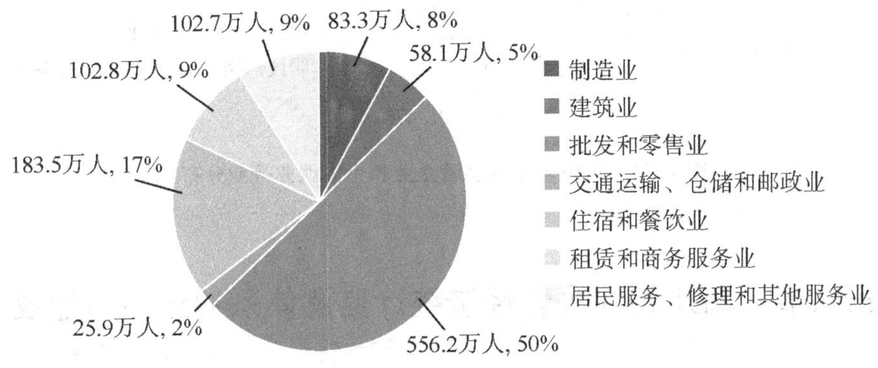

图 1-10　2019 年四川私营企业和个体就业行业分布

根据《中国统计年鉴（2020 年）》的数据，截至 2019 年年底，重庆私营企业和个体工商户实现就业人数 1 375. 8 万人。其中，批发和零售业就业人数为 484. 1 万人，住宿和餐饮业就业人数为 108. 6 万人，居民服务、修理和其他服务业就业人数为 75 万人，三者实现就业人数居前三位（见图 1-11）。数据表明，服务业是重庆民营经济吸纳就业的主体，制造业占比偏低，只占 10%，需要提振民营经济制造业，解决更多的制造业就业问题。

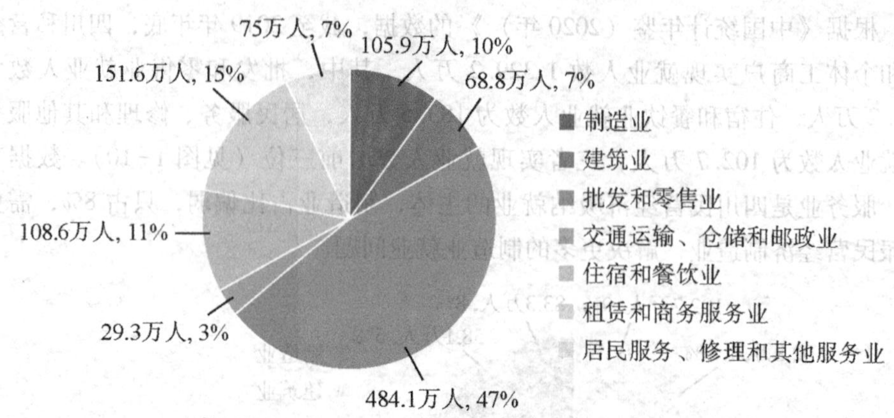

图 1-11　2019 年重庆私营企业和个体就业行业分布

第六节　四川构建民营经济统计监测体系的经验与建议

习近平总书记强调："民营经济是我国经济制度的内在要素，民营企业和民营企业家是我们自己人。"为深入贯彻习近平总书记在民营企业座谈会上的重要讲话精神，积极落实中共中央、国务院《关于营造更好发展环境支持民营企业改革发展的意见》第二十七条"将支持民营企业发展相关指标纳入高质量发展绩效评价体系，加强民营经济统计监测和分析工作"相关要求，四川省率先探索建立民营经济统计监测体系，自 2019 年一季度开始，按时印发季度报告和年度报告，针对民营经济热点问题，如民间投资、民营经济应对疫情防控等，印发专题子报告。这种做法在国内具有创新性。

四川省率先探索建立的民营经济统计监测体系，取得了良好反响。具体经验表现为两个方面。一是强化保障，夯实民营经济统计监测工作的基础，包括强化组织保障、经费保障、机制保障。二是严格规范，确保民营经济统计监测体系科学合理，包括严格规范监测范围、统计监测指标、统计监测报告。然而，四川省民营经济统计监测还存在统计范围和口径不统一、部门协同不够、多头重复研究等问题。建议进一步完善民营经济统计监测体制机制，规范民营经济统计监测范围，统筹协同推进民营经济统计监测和研究；建议注重运用，运用统计监测引导民营经济发展、指导民营经济工作、促进政策措施出台等。

一、四川民营经济统计监测的经验

1. 强化保障，夯实民营经济统计监测工作的基础

一是强化组织保障。四川省委、省政府把发展民营经济作为富民强省重要战略任务来抓，为加强管理与服务，成立了以省长为组长、36 个省直部门主要负责人为成员的民营经济和中小企业发展领导小组及其办公室（以下简称“省民营办”），作为省委议事协调机构。依托领导小组，明确由省民营办、省统计局牵头，各成员单位配合，落实专门人员开展民营经济统计监测工作。建立民营经济统计监测联席会议制度，定期会商相关工作。

二是强化经费保障。民营经济统计监测是一项涉及面广、参与部门多、技术要求高、实施工作难度大的系统工程。为保障此项工作顺利开展，省民营办聘请来自西南财经大学、四川大学等高校的经济学专家教授组成专业团队，为民营经济统计监测提供智力支持。省财政每年划拨约 100 万元预算作为民营经济统计监测、编制民营经济发展报告专项资金。各市州、县区统计监测工作经费由同级财政解决。

三是强化机制保障。四川率先建立民营经济统计监测考核、数据信息互联互通、监测结果跟踪问效等机制。印发《四川省民营经济统计监测工作方案》，明确每季度、每年编发《四川省民营经济发展报告》；明确将各单位涉及监测数据报送内容、时限、质量等纳入省政府对政府部门的目标绩效考核考评，切实压紧压实责任，确保民营经济统计监测的数据质量和时效性；明确对监测结果实行跟踪问效，对发现的重点问题实行专项督查，推动整改落实。如 2020 年一季度民营经济统计监测发现“民营经济政策难兑现”问题，四川迅速组织省发展改革委、省民营办等相关部门成立督查组分赴各市州开展专项督查，确保政策及时落实到位。

2. 严格规范，确保民营经济统计监测体系科学合理

一是严格规范监测范围。一直以来，全国各地各部门存在民营经济统计口径不一、对民营经济的界定范围有出入等问题。四川省民营办在充分研究、实地调研、学习借鉴的基础上，秉持化繁就简的原则，明确界定民营经济监测范围，主要将私营企业（除国有控股、港澳台商控股、外商控股之外的企业）、个体工商

户、农民专业合作社纳入民营经济统计监测体系。对民间非营利组织（包括社会团体、民营基金会、民办非企业单位）、农村承包经营户、新型农业经营主体（农业专业大户、家庭农场等）也在完善数据统计，将逐步纳入民营经济统计监测。

二是严格规范统计监测指标。省民营办、省统计局、省法院、省经信厅、省市场监管局、省税务局、省工商联等成员单位联合西南财经大学、省统计局科研中心进行了10余次专题研究，聚焦社会关切，对标省委、省政府重大决策，于2018年年底，建立了四川省民营经济发展监测评价指标体系。该套指标体系包括基本情况、综合效益、营商环境、经营成本、创新活力、民营企业评议政府部门六个一级指标；从民营经济市场主体、增加值、产业结构、民间投资、税收、就业、外贸、中国民营企业500强企业数量、民营高新技术企业数、民营科技型中小企业数、民营企业专利数、金融支持、财政扶持、权益保护、减税降费、开办（注销）企业时间、人力成本、融资成本、民营经济党建、民营企业评议政府满意度等20个二级指标、60余项三级指标，力求多维度对民营经济进行统计，准确监测民营经济发展情况。该套指标体系既考虑了科学性，也考虑了统计的规范性和数据的可获得性，具有可操作性。

三是严格规范统计监测报告。每次编写季度、年度《四川省民营经济发展报告》前，省民营办都积极与相关部门、第三方机构沟通交流，召开专题工作座谈会，分析当前民营经济发展趋势、热点关切以及苗头性问题，组织专题调研，通过电话访谈、实地走访、问卷调查等方式了解真实状况。根据季报、半年报、年报的特点，指标项有所侧重，省民营办发布报送数据通知，明确数据报送截止时间，强调时效性，收齐数据后要求在3~4天内形成报告初稿，省民营办组织专家对初稿进行专题讨论，并提出修改完善意见。报告一般包括基本情况、营商环境、主要问题、对策建议四个模块，图文并茂报告当前民营经济的状况和问题并提出建议。

二、民营经济统计监测中存在的问题

一是统计范围和口径不统一的问题。截至2020年12月，国内尚无统一的民营经济统计监测体系，《中国统计年鉴》和《中华人民共和国国民经济和社会发展统计公报》还没有关于民营经济的相关统计。民营经济的相关数据分散在各个部门，非公经济、民营经济、私营经济、公众企业等说法在不同地方同时使用，统计口径并不一致。因此，各地各部门公开的民营经济数据存在不准确、不完整、不一致等问题，与新时代推动民营经济高质量发展新要求很不适应。例如，一些报告对2014年之前的民营经济统计包含外资企业和港澳台资企业，之后这两项不再计入民营经济范畴。部分省市统计和报告的是非公经济，部分省市则统计和报告私营经济，有些省市则是统计和报告民营经济，其具体范围却模糊不清，造成横向比较数据严重缺失，纵向比较口径变动等问题。

二是存在部门协同不够的问题。民营经济有关的机构设置尚不成熟，没有单独的部门负责民营经济统计的有关工作，工商联、统战部、发展改革委、民营办等都在牵头开展民营经济有关的研究，不同单位都在推出民营经济发展有关的报告，同样也存在统计范围和口径不统一的问题，因此，这些报告功能上有重叠，内容上也有出入。

三、对策建议

（一）建议完善民营经济统计监测体制机制

一是规范民营经济统计的范围。目前，对民营经济较为认可的定义是除国有及国有控股、集体经济、外商和港澳台商独资及控股之外的经济组织，主要成分是私营企业、个体工商户和农民专业合作社。建议主要统计这三类民营经济市场主体的数量、增加值、民间投资、就业、税收、外贸等指标。现阶段，民间非营利组织、农村承包经营户、新型农业经营主体等着重统计监测主体数量。建议明确界定非公经济、民营经济、私营经济的区别，统计年鉴和统计公报在民营经济相关内容上正逐步走向统一。

二是统筹协同做好民营经济统计监测和研究。建议民营经济统计监测和研究有关工作，相对集中在省民营办，数据资料由相关部门互联共享，避免重复建设导致在省内形成多份与民营经济相关的研究报告，如民营经济蓝皮书或白皮书、民营经济发展报告、民营经济指数报告等；避免各个部门各说各话，如非公经济、私营经济、民营经济等，否则有口径不一，数据有出入的问题。

（二）建议注重运用，提升民营经济统计监测体系建设质效

一是注重运用统计监测引导民营经济发展。建议将民营经济统计监测结果借助各大媒体对外发布，加大宣传力度。将季度、年度民营经济总体情况在省内权

威媒体发布新闻通稿。《四川省民营经济发展报告》报送省委、省政府、省直各部门及各市州。各级各部门可以加深对四川民营经济发展状况的认识，了解发展趋势、在全国的位置以及市（州）之间的比较状况，准确把握民营经济发展规模、结构、增速及矛盾、问题，这有利于调整着力方向，制定相应的政策举措，解决民营经济发展中存在的问题，促进民营经济健康发展。如 2020 年 4 月发布的《四川省民营经济发展报告（一季度）》，分析了新冠疫情对第三产业特别是消费的冲击及长期性，引导第三产业市场主体调整经营模式或转型发展，有关部门据此着力培育新型消费业态和消费场景。

二是注重运用统计监测指导民营经济工作。民营经济统计监测结果颇受各方关注。建议市（州）、县（区）政府应积极对标民营经济统计监测报告，寻找差距，弥补短板，使报告所总结的问题困难及对策建议对民营经济工作形成有益启示。报告对一些重要指标，如民营经济增加值、民间投资增速等分市（州）进行排位，对指标靠后的市（州）形成切实压力，把监测压力转化为政策力和行动力，营造出一种“你追我赶”的工作局面。全省各地各部门应普遍增进对民营经济工作的重视程度，在优化营商环境、强化政策举措及落实等方面展开竞争。同时，部分研究机构、行业商（协）会、新闻媒体也应广泛引用、转载报告数据和观点，对民营经济健康发展带来更广泛的影响。

三是注重运用统计监测促进政策措施出台。建议民营经济统计监测形成专门报告，为领导决策提供宝贵参考，促进民营经济政策措施出台。例如，针对历次民营经济统计监测发现的问题，如全省民营领军企业实力有差距、民营企业家队伍青黄不接、成渝地区双城经济圈建设的着力方向等，四川省于 2020 年形成了《四川名优民营企业雁阵培育五年行动计划（2020—2024 年）》《四川省民营企业家梯队建设“1111”工程（2020—2024 年）》《成渝地区双城经济圈民营经济协同发展示范区总体方案》等规划方案。2020 年一季度监测发现，存在民营经济短期下滑、居民消费短期承压、民营企业招聘职位数不乐观、民营经济市场主体经营困难、民营经济政策难兑现等问题，全省各部门共出台了 47 条全力战胜疫情影响、助推民营经济高质量发展的政策措施。如推出个体工商户“金融甘露”行动，该行动缓解了个体经营者面临的短期资金困难状况，助力他们稳定生产经营活动。

第二章 2020 年一季度
四川省民营经济发展报告

2020 年以来，新冠疫情给四川省民营经济带来严峻挑战。在四川省委、省政府的坚强领导下，各地各部门积极应对疫情的不利影响，主动作为，聚焦问题，精准施策，化危为机，坚持防疫和生产两手抓。全省民营经济整体出现波动，民营经济增加值、民间投资、民营经济税收均有不同程度的下降。与此同时，民营经济市场主体培育、金融支持、财政扶持和民营企业权益保护等方面较为有力，目前复工复产复市推动有序，民营经济正稳健恢复。2020 年一季度四川省民营经济发展状况呈现出如下特点：

第一节 民营经济出现波动，但基本面向好

（一）民营经济增加值首次出现负增长

2020 年一季度，全省实现民营经济增加值 5 422.5 亿元，增速为-5.8%（见图 2-1），较上一年同期增速下降 13.7 个百分点，比同期全省地区生产总值增速低 2.8 个百分点；占地区生产总值的比重为 53.3%，较上一年同期下降 2.6 个百分点。

分产业看，第一产业实现民营经济增加值 324.4 亿元，增速为-2.2%；第二产业实现民营经济增加值 2 746.3 亿元，增速为-2.9%，其中，工业增加值 2 408.8亿元，增速为-1.2%，建筑业增加值 337.5 亿元，增速为-13.5%；第三产业实现民营经济增加值 2 351.8 亿元，增速为-11.8%。全省民营经济产业结构比为 6：50.6：43.4。疫情对第三产业冲击较大，对工业和第一产业冲击相对较小，对建筑业冲击最大。

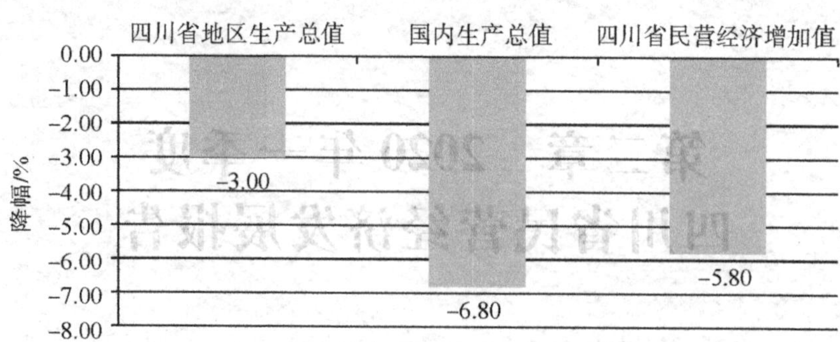

图 2-1　2020 年一季度四川省地区生产总值、民营经济增加值同比降幅

从四川省各市（州）民营经济增加值总量上看，除成都市（1 890.3 亿元）外，其余 20 个市（州）都在 400 亿元以下，绵阳市（350.75 亿元）位居第二，宜宾市（309.1 亿元）居第三位。从增速上看，21 个市（州）都呈现负增长，其中 11 个市（州）增速低于平均增速（-5.44%）。从民营经济增加值占地区生产总值比重上看，2/3 的市（州）占比高于全省水平（53.3%），排在前三位的分别是遂宁市（61.3%）、泸州市（60.1%）、雅安市（60%）（见表 2-1）。

表 2-1　2020 年一季度市（州）民营经济增加值

地区	民营经济增加值					
	总量/亿元	位次	增速/%	位次	占地区生产总值比重/%	位次
四川省	5 422.50		-5.8		53.3	
成都市	1 890.30	1	-6.6	18	49.2	18
自贡市	165.86	12	-6.2	15	55.4	13
攀枝花市	123.48	15	-6.4	16	53.9	14
泸州市	269.82	5	-4.2	6	60.1	2
德阳市	278.86	4	-9.3	20	56.0	11
绵阳市	350.75	2	-4.2	6	56.6	9
广元市	100.89	16	-3.8	4	51.7	16
遂宁市	174.24	11	-5.4	9	61.3	1

表2-1(续)

地区	民营经济增加值					
	总量/亿元	位次	增速/%	位次	占地区生产总值比重/%	位次
内江市	182.08	10	-5.7	12	58.3	7
乐山市	211.00	8	-5.5	11	50.9	17
南充市	268.93	6	-3.9	5	59.6	4
眉山市	163.91	13	-4.8	8	55.9	12
宜宾市	309.10	3	-2.6	3	57.0	8
广安市	152.38	14	-5.7	12	58.4	6
达州市	256.54	7	-5.4	9	59.2	5
雅安市	87.05	19	-2.4	1	60.0	3
巴中市	93.12	17	-7.0	19	56.1	10
资阳市	89.84	18	-5.9	14	48.2	19
阿坝藏族羌族自治州	34.34	20	-6.5	17	41.8	20
甘孜藏族自治州	18.97	21	-2.5	2	24.3	21
凉山彝族自治州	201.07	9	-10.3	21	51.8	15

（二）民间投资增速下降，但好于全国水平。

2020年一季度，全省民间投资增速为-3.9%，较上一年同期下降13.4个百分点，比同期全国民间投资增速高出14.9个百分点，比同期全省固定资产投资增速高出0.4个百分点。民间投资占全社会投资比重为49.1%，同比增加0.3个百分点（见图2-2）。

从各市（州）民间投资增速来看，10个市（州）出现正增长，其中阿坝藏族羌族自治州（39.3%）、达州市（17.4%）、巴中市（12.7%）排在全省前三位。11个市（州）出现负增长，资阳市（-21.1%）降幅最大。从民间投资占全社会投资比重来看，10个市（州）占比在全省水平（49.1%）之上，德阳市（67.5%）、眉山市（66.6%）、绵阳市（66.3%）排在全省前三位。成都市（46.8%）、宜宾市（40.2%）等11市（州）占比低于全省水平（见表2-2）。

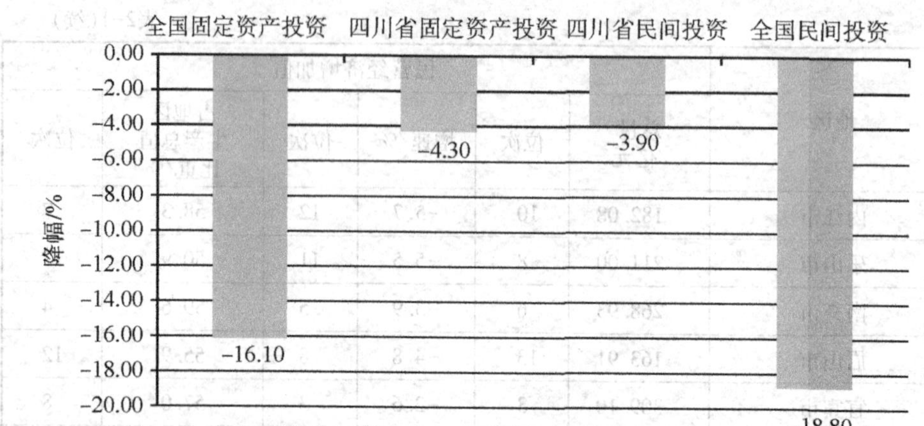

图 2-2 2020 年一季度投资同比降幅

表 2-2 2020 年一季度市州民间投资增速及占比

地区	增速/%	位次	占全社会投资比重/%	位次
四川省	-3.9		49.1	
成都市	-10.1	14	46.8	14
自贡市	0.6	10	54.7	4
攀枝花市	-3.1	12	47.6	13
泸州市	7.6	4	52.4	7
德阳市	-12.1	17	67.5	1
绵阳市	-2.1	11	66.3	3
广元市	-13.7	18	44.5	15
遂宁市	2.7	8	50.6	10
内江市	-10.5	15	51.7	8
乐山市	-16.5	20	43.6	16
南充市	6.0	6	36.8	19
宜宾市	-13.9	19	40.2	17
广安市	-4.2	13	53.0	5

表2-2(续)

地区	增速/%	位次	占全社会投资比重/%	位次
达州市	17.4	2	49.6	11
巴中市	12.7	3	51.1	9
雅安市	2.4	9	52.8	6
眉山市	3.3	7	66.6	2
资阳市	-21.1	21	49.3	12
阿坝藏族羌族自治州	39.3	1	38.4	18
甘孜藏族自治州	6.5	5	23.1	20
凉山彝族自治州	-10.7	16	22.8	21

（三）民营经济税收贡献突出

2020年一季度，全省民营经济实现税收966.04亿元，同比下降9.12%，降幅小于四川税收总额降幅（11.16%），也小于全国税收总额降幅（16.4%）。其中，增值税451.1亿元，同比下降11.22%；消费税49.79亿元，同比增速33.44%；企业所得税181.46亿元，同比增速1.48%。全省民营经济税收占全部税收总额的66.23%，超过全国水平，同比增加1.49个百分点。全省民营经济税收减免160亿元，与上一年同期基本持平。

（四）民营经济吸纳城镇就业占比高

截至2020年3月末，民营经济就业登记人数为1 470万人，占全省城镇就业登记总数（1 843万人）的79.8%。全省新增城镇就业19.62万人，其中民营经济吸纳17.23万人，占新增全省城镇就业总数的87.8%。

省本级及21个市州公共人力资源市场发布岗位89.48万个（见图2-3），同比减少5.9万个，降幅为6.18%，登记求职63.3万人，同比减少13.89万人，降幅为18%；其中，第一产业岗位需求占2.53%，同比下降0.19个百分点；第二产业岗位需求占45.49%，同比上升10.42个百分点；第三产业岗位需求占51.98%，同比下降10.23个百分点。

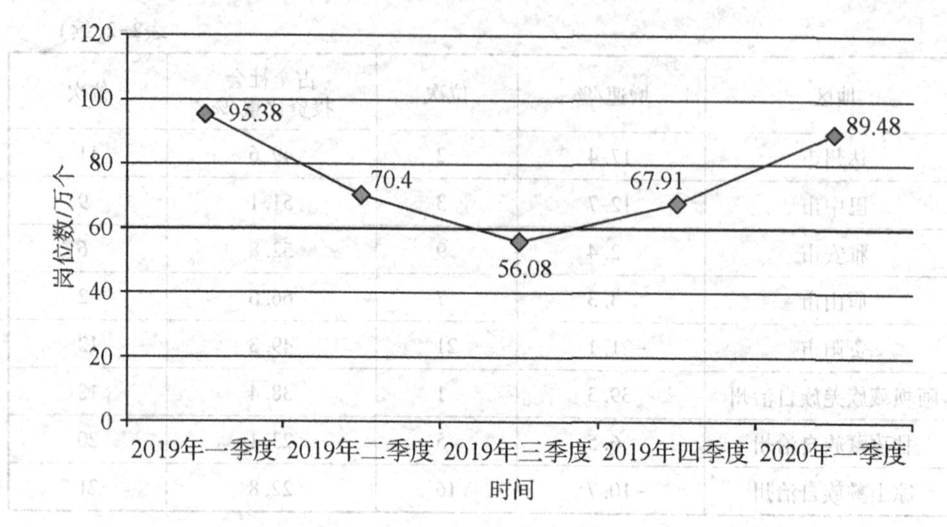

图 2-3　全省公共人力资源市场发布的招聘岗位数

（五）民营企业进口好于出口

2020 年一季度，有外贸实绩的民营企业达到 3 021 户，同比增长 6. 33%。如图 2-4 所示，全省民营企业实现进口额 121. 25 亿元，同比增长 13. 78%，占全省进口额的比重为 15. 36%，比上一年同期下降 1. 14 个百分点；实现出口额 190. 65 亿元，同比下降 11. 54%，占全省出口额的比重为 23. 79%，同比下降 3. 43 个百分点。疫情对民营企业的出口影响较大，出口总量和占比均同比下降。

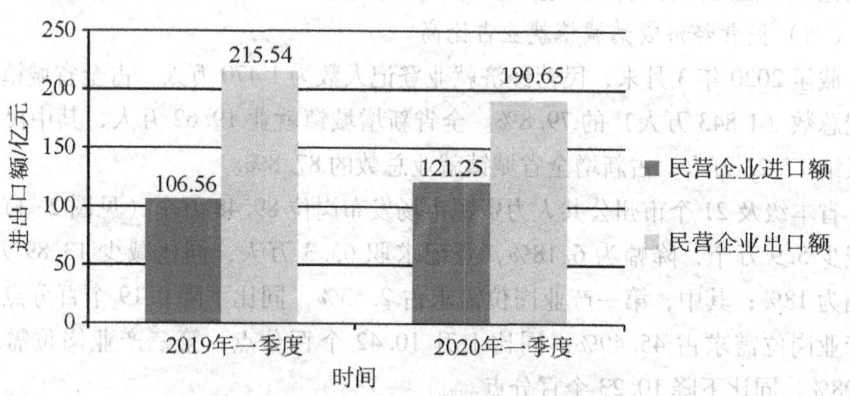

图 2-4　2020 年一季度民营企业进出口额

第二节 营商环境优化明显

（一）民营经济市场主体稳步增长

截至 2020 年 3 月末，四川省实有民营经济市场主体 609. 38 万户，同比增长 9. 94%，占全部市场主体数的 97. 38%；其中，私营企业 139. 55 万户，同比增长 9. 46%；个体工商户 459. 40 万户，同比增长 10. 25%；农民专业合作社 10. 42 万户，同比增长 3. 44%（见图 2-5）。全省个体工商户和私营企业登记注册均保持有力增长，创新创业动能充足。

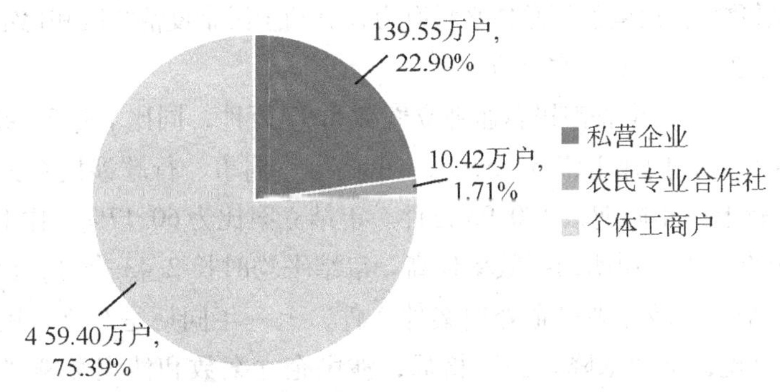

图 2-5 实有民营经济市场主体及占比

新增民营经济市场主体 19. 95 万户，占新增市场主体数的 98. 35%。其中私营企业新增 5. 6 万户，占 28. 07%；个体工商户新增 14. 2 万户，占 71. 22%；农民专业合作社新增 0. 14 万户，占 0. 71%。农民专业合作社增速较慢，不管是存量还是新增，其占比都有所下降。由此可见，农业新型组织发展的力度有待加大。

（二）金融支持民营经济发展有力

截至 2020 年 3 月末，全省民营经济贷款同比增长 6. 5%，增速较上一年同期增加 3. 9 个百分点。小微贷款同比增长 16. 9%，较上一年同期增加 0. 1 个百分点。全省民营企业贷款余额 11 240. 37 亿元，同比增速 5. 67%，占总贷款余额比重 17. 17%，比上一年同期下降 1. 06 个百分点。新增贷款额中民营企业占比 17. 92%，较上一年同期下降 0. 03 个百分点。民营经济贷款户数同比增长 9. 4%，有贷款余额的民营企业达到 9. 11 万户，同比增长 28. 82%；其中小微企业 8. 95

万户，同比增长 32.09%。对单户授信总额 1 000 万元以下的境内小微企业贷款余额为 1 476.46 亿元，同比增速 29.42%，加权平均利率为 5.22%，较上一年同期下降 0.61 个百分点。四川实现民营上市企业 75 家，市值达到 6 744.15 亿元，民营经济通过资本市场直接融资 99.38 亿元，同比下降 34.76%。在民营经济领域，金融支持实现了规模的扩大和覆盖面的扩大，与此同时，利率也有所下降。

（三）财政扶持民营经济有力

2020 年一季度，民营资本参与 PPP 项目库 134 个项目，同比增长 22.9%，项目参与率达到 36.12%，较上一年同期增加 0.15 个百分点。政府采购合同授予中小微企业的金额是 151.15 亿元，同比下降 12.9%，占政府采购规模的 87.2%，较上一年同期增加 4.5 个百分点。中小企业发展专项资金预算额为 2.7 亿元，与上一年同期相等。财政扶持民营经济总体平稳有力，有利于民企疫情纾困和稳定生产。

（四）民营企业权益保护有力

2020 年一季度，全省涉民营企业立案数 5.97 万件，同比下降 29.43%，涉案金额 173.24 亿元，同比下降 57.5%。一审民事、刑事、行政涉民企案件审结数 3.43 万件，较上一年同期减少 0.93 万件。审结立案比为 60.17%，比上一年同期增加 8.67 个百分点，说明结案效率提高。审结平均时长 2.43 个月，比上一年同期增加 0.05 个月；减免涉民企处罚案件 2 件，上一年同期是 9 件。民营经济权益保护效果显现，呈“双降一提”格局，涉民企立案数和涉案金额“双下降”，审结立案比提升。

第三节　主要问题及困难

（一）民营经济短期下滑

受新冠疫情影响，2020 年一季度，四川省民营经济增加值、民间投资增速、民营经济税收均首次同时出现下降情况。公共人力资源市场发布的就业岗位数量下降，民营经济出口额下降。虽然我国经济长期向好的基本面没有改变，但 2020 年的困难会比较大，疫情正全球蔓延，全球经济下行，且不确定性增加，会影响供应链配套和出口。预计同比下滑还会持续到二季度，只是跌幅收窄，直到全球新冠疫情得到有效控制。

（二）居民消费短期承压

2020 年一季度，四川人均消费 4 487 元，比全国人均消费低 11.7%，比 2019 年一季度人均消费下降 3.65%。四川 2020 年一季度社会消费品零售（以下简称“社消零”）总额同比下降 13%。西南财经大学中国家庭金融调查与研究中心调查显示，受新冠疫情影响，中国有五成家庭表示将增加储蓄并减少消费，新冠疫情让大家变得更加保守，更愿意存钱而不是消费。如果没有大规模消费刺激政策，补偿性消费不太可能出现。

（三）民营企业招聘职位数不乐观

北京大学光华管理学院分析智联招聘大数据得出，2020 年一季度与 2019 年同期相比，招聘职位数下降 27.8%。合资企业和外商独资企业受新冠疫情影响最大，招聘职位数下降超过 30%，其次是民营企业，下降幅度约为 26%，国企受新冠疫情影响最小，招聘职位数下降约为 20%。民营经济多数属于小微、薪酬较低的企业，受新冠疫情影响较大。民营经济招聘职位数不乐观关系到“稳就业”“保就业”等经济核心问题。

（四）民营经济市场主体经营困难

在新冠疫情背景下，中小企业普遍生存困难，企业发展信心整体不足，市场需求萎缩，订单减少，达产满产面临较大挑战，企业涉法涉诉问题较多。服务业面临的挑战更大。餐饮企业在新冠疫情期间的客源是平时的 20%~30%，消费者消费信心不足，但员工工资、房租、水电价格不减，原材料价格上涨，开业即亏损。旅游业活力并未普遍重现。

（五）民营经济要素保障不充分

民营经济融资难、融资贵的问题在去杠杆背景下有所放大。新冠疫情期间，民营经济市场主体普遍反映出现资金困难的状况。个体工商户无抵押资产，信用难以评估，银行贷款手续烦琐复杂。民营企业普遍反映用地成本高，招工难、招工贵，水电成本高，员工社保压力大，营改增后税负反而加重等问题。

第四节　对策建议

（一）促进消费，扩大民营经济市场需求

新冠疫情导致民营经济经营困难的主要原因是市场需求下滑。2020 年一季度全省社消零同比下降13%，其中餐饮同比下降32.1%。要精准施策促进消费，稳定民营经济市场需求，如提振消费信心，推出专项消费券，已有杭州、成都等60多个城市发放消费券；补贴耐用品消费，增加消费信贷，加大政府对民营经济采购力度；创新消费业态、消费场景，推动线上线下融合活跃消费市场等。

（二）落实民营企业帮扶政策

针对民营企业生产经营面临的突出困难，以优化营商环境为牵引，以提高企业发展能力为目标，加快落实已经出台的各项援企政策，进一步研究出台相关支持政策。推进减税降费，社保减免和延缴，减免租金，降低企业融资成本，提高中小微企业首贷率、信用贷款占比，加大创业担保贷款贴息支持力度，用足再贷款再贴现专用额度。保障物流畅通，帮助企业保订单、保市场、保份额；帮助外贸型企业渡过难关。设立民营企业应急纾困基金，帮助企业应急性资金周转，且费率大大低于银行贷款利率。实施民营企业雁阵培育计划，做大做强做优领军民企，培育更多民企完成上市、冲击中国民营企业500强和世界民营企业500强。

（三）深化要素市场化配置改革

2020年一季度，97%的商品和服务已由市场定价，但要素市场发育明显滞后。要深化要素市场化配置改革，清除要素自由流动的体制机制障碍，实现要素价格市场决定、流动自主有序、配置高效公平。放开金融服务业市场准入，增加服务小微和民营企业的金融服务供给。修改完善土地管理法实施条例，推进农村集体经营性建设用地入市。放开放宽城市落户限制，建立城镇教育、就业、创业、医疗卫生等基本公共服务与常住人口挂钩机制等。

（四）稳定民营经济就业

聚焦高校毕业生、农民工、贫困地区劳动力等重点群体，实施援企稳岗政策，加大职业技能培训支持力度；以创业创新带动就业，促进新业态发展和灵活就业；充分挖掘国内大市场，开展技改扩能和转产扩产，增加满足群众基本需要的工农业产品生产。积极培育网络诊疗、在线办公、在线教育、线上文化娱乐、影视及智能家居、信息传输、软件和信息技术服务业等新兴业态。加快医疗和卫生防疫等行业快速发展，提振旅游、餐饮等消费服务业，创造更多的就业岗位。

第三章　2020 年上半年度四川省民营经济发展报告

2020 年上半年，面对新冠疫情的冲击和错综复杂的国际形势，四川省上下坚决贯彻落实省委、省政府决策部署，统筹推进疫情防控和经济社会发展，把稳民营经济保就业作为扎实推进“六稳”“六保”工作的重要抓手。全省经济表现好于全国，地区生产总值恢复正增长。民营经济稳健复苏，工业复苏最快，第一、二产业恢复正增长，第三产业降幅收窄。民营经济整体表现弱于地区生产总值。2020 年上半年度四川省民营经济的发展状况及指数详情如下：

第一节　民营经济稳健复苏

（一）民营经济增加值同比小幅下降

2020 年上半年度，全省实现民营经济增加值 11 975.95 亿元，增速为 -1.3%，比一季度降幅（-5.8%）收窄，较上一年同期增速下降 9.3 个百分点。民营经济增加值占全省地区生产总值比重为 54.1%，比一季度占比提高 0.8 个百分点，较上一年同期下降 2.5 个百分点（见表 3-1）。

表 3-1　2020 年上半年度增加值比较

类别	2020 年一季度	2020 年上半年度
国内生产总值增加值/%	-6.8	-1.6
四川省地区生产总值增加值/%	-3.0	0.6
四川省民营经济增加值/%	-5.8	-1.3

我国经济正全面复苏，上半年度国内生产总值增速为-1.6%，二季度转正为3.2%。四川省经济表现好于全国，全省上半年度地区生产总值同比增长0.6%，发电量同比增长2.9%。四川省民营经济增加值表现弱于地区生产总值。

分产业看，第一产业实现民营经济增加值593.3亿元，增速为0.4%；第二产业实现民营经济增加值6 266.7亿元，增速为0.5%，其中，工业增加值为5 255.6亿元，增速为0.7%，建筑业增加值为1 011.1亿元，增速为-0.5%；第三产业实现民营经济增加值5 116亿元，增速为-4.8%。全省民营经济三次产业结构比为5∶52.3∶42.7。民营经济三次产业都在复苏，第二产业复苏最快，第三产业复苏最慢，第一、二产业恢复正增长，第三产业降幅收窄（一季度增速是-11.8%）。

如表3-2所示，从各市（州）民营经济增加值总量上看，成都市达到4 203.74亿元，其余20个市（州）都不超过800亿元，绵阳市（778.89亿元）位居第二，宜宾市（676.01亿元）居第三位。从增速上看，只有宜宾市呈现正增长（0.8%），其余20个市（州）增速为负，9个市（州）增速低于全省平均增速（-1.3%）。从民营经济增加值占地区生产总值比重上看，13个市（州）高于全省平均占比，排在前三位的分别是达州市（61.1%）、南充市（59.8%）和泸州市（59.4%）。

表3-2　2020年上半年四川省各市（州）民营经济增加值

地区	民营经济增加值					
	总量/亿元	位次	增速/%	位次	占地区生产总值比重/%	位次
四川省	11 975.95		-1.3		54.1	
成都市	4 203.74	1	-1.5	14	50.7	18
自贡市	371.47	11	-1.6	15	57.6	9
攀枝花市	272.41	15	-1.1	8	54.3	13
泸州市	590.53	6	-0.8	7	59.4	3
德阳市	612.50	4	-3.9	21	56.3	12
绵阳市	778.89	2	-0.5	5	57.1	10
广元市	229.88	16	-0.3	2	51.6	16
遂宁市	374.97	10	-0.4	3	58.6	6

表3-2(续)

地区	民营经济增加值					
	总量/亿元	位次	增速/%	位次	占地区生产总值比重/%	位次
内江市	334.09	14	-1.3	10	51.4	17
乐山市	475.89	8	-1.3	10	53.2	14
南充市	612.09	5	-1.4	13	59.8	2
眉山市	362.75	12	-0.6	6	56.5	11
宜宾市	676.01	3	0.8	1	58.4	8
广安市	339.77	13	-1.8	16	58.7	4
达州市	584.51	7	-1.1	8	61.1	1
雅安市	192.97	19	-0.4	3	58.6	6
巴中市	214.49	17	-3.5	20	58.7	4
资阳市	197.76	18	-1.3	10	49.9	19
阿坝藏族羌族自治州	73.70	20	-2.8	19	43.9	20
甘孜藏族自治州	39.23	21	-2.1	17	24.3	21
凉山彝族自治州	438.33	9	-2.3	18	52.8	15

（二）民间投资增速由负转正

如图3-1所示，2020年上半年度，全省民间投资同比增长4.7%，比上一年同期增速下降3.2个百分点，相较于2020年一季度增速（-3.9%）由负转正，高出8.6个百分点。全省全社会固定资产投资增速高出全国8.1个百分点，全省民间投资增速高出全国12个百分点。民间投资占全社会投资的比重为48.4%，相较于上一年同期占比下降0.2个百分点。

如表3-3所示，从四川省各市（州）民间投资增速来看，上半年度，14个市（州）增速为正，达州市（29.6%）、阿坝藏族羌族自治州（22.4%）、南充市（21.6%）排在全省前三位。7个市（州）出现负增长，资阳市（-19.4%）降幅最大。从民间投资占全社会投资的比重来看，12个市（州）占比在全省水平（48.4%）之上，德阳市（68.3%）、眉山市（66.3%）、绵阳市（61.6%）排在全省前三位；阿坝藏族羌族自治州（25.6%）、凉山彝族自治州（22.1%）、甘孜藏族自治州（16.4%）的民间投资占比靠后。

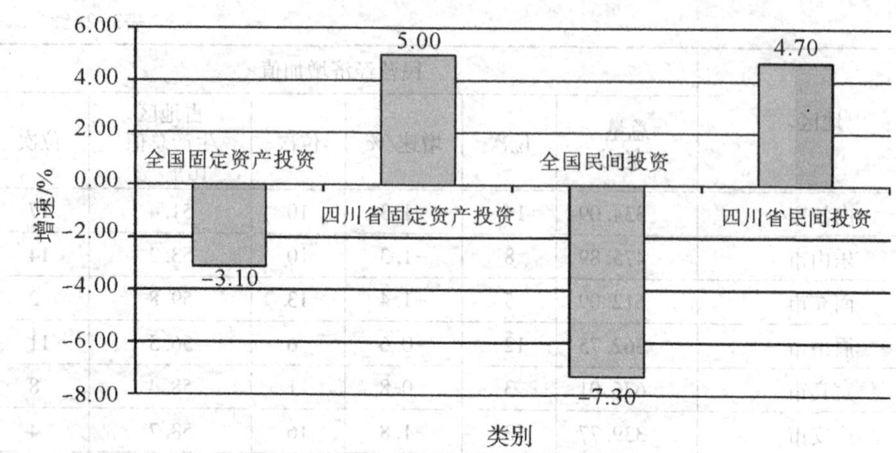

图 3-1　2020 年上半年度投资增速

表 3-3　2020 年上半年四川省各市（州）民间投资增速及占比

地区	增速/%	位次	占比/%	位次
四川省	4.7		48.4	
成都市	-2.9	17	45.3	14
自贡市	3.8	14	51.2	11
攀枝花市	10.4	8	49.3	12
泸州市	9.2	10	53.4	6
德阳市	-2.3	16	68.3	1
绵阳市	7.6	12	61.6	3
广元市	-5.9	20	46.8	13
遂宁市	12.1	7	54.7	4
内江市	-1.5	15	51.4	10
乐山市	-3.9	18	44.4	15
南充市	21.6	3	43.4	16
眉山市	9.3	9	66.3	2
宜宾市	-5.3	19	40.2	18
广安市	4.0	13	52.5	9

表3-3（续）

地区	增速/%	位次	占比/%	位次
达州市	29.6	1	53.5	5
雅安市	8.4	11	52.7	8
巴中市	17.1	5	53.1	7
资阳市	-19.4	21	42.5	17
阿坝藏族羌族自治州	22.4	2	25.6	19
甘孜藏族自治州	13.9	6	16.4	21
凉山彝族自治州	17.9	4	22.1	20

（三）民营经济市场主体保持较快增长

截至2020年6月末，全省实有民营经济市场主体638.2万户，同比增长21.38%，占全部市场主体数的97.42%。其中，私营企业146.54万户，比上一年同期增长14.84%，占民营经济市场主体的22.96%；个体工商户481.11万户，同比增长12.49%，占民营经济市场主体的75.39%；农民专业合作社10.55万户，同比增长3.43%，占民营经济市场主体的1.65%（见图3-2）。

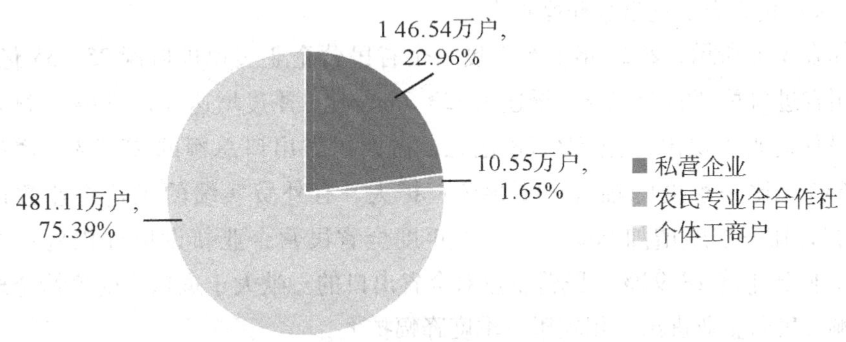

图3-2　民营经济市场主体及占比

2020年上半年度，新增民营经济市场主体60.25万户，占新增市场主体的98.36%，其中私营企业新增18.3万户，占新增民营经济市场主体的30.40%，个体工商户新增41.5万户，占新增民营经济市场主体的68.91%，农民专业合作社新增0.42万户，占新增民营经济市场主体的0.7%。

（四）民营经济税收降幅收窄

2020年上半年度，全省民营经济税收完成2 015.22亿元，同比下降5.5%，较上一年同期增幅回落12.1个百分点，与2020年一季度降幅（-9.12%）相比收窄；占全省税收总额（含海关代征收入）的65.7%。其中，增值税779.34亿元，同比下降14.63%，占民营经济税收的38.67%；消费税70.09亿元，同比增长2.77%，占民营经济税收的3.47%，企业所得税546.05亿元，同比增长9.45%，占民营经济税收的27.09%。全省民营经济税收减免385.4亿元，低于去年同期水平。截至2020年5月底，全省共有纳税登记户258.7万户，其中，非公经济主体253万户，占比97.8%。

（五）民营经济吸纳就业能力持续增强

截至2020年6月末，全省城镇就业登记人数为1 877万人，其中，民营经济就业登记人数为1 503万人，比2020年一季度增长2.24%，占全省城镇就业登记人数的80.07%，比一季度增加0.27个百分点。2020年上半年度，全省城镇新增就业43.88万人，其中，民营经济吸纳城镇新增就业38.91万人，比一季度增长125%，占全省城镇新增就业的88.67%，比一季度增加0.87个百分点。随着经济复苏，民营经济吸纳就业能力持续增强。

（六）民营企业进出口降幅扩大

如表3-4所示，2020年上半年度，全省民营企业实现进口额257.35亿元，占四川省进口总额的15.6%；增速为-23.7%，比一季度增速（13.78%）显著下降。民营企业实现出口额516.28亿元，占四川省出口总额的25.7%，增速为-26.65%，比一季度降幅（-11.54%）扩大。有外贸实绩的民营企业数达到3 971户，比一季度增加950户。上半年度全省民营企业新设境外机构备案数30户，同比下降18.92%。民营企业对全省出口的贡献大于进口。受疫情全球蔓延影响，民营企业进出口相较于一季度降幅扩大。

表3-4 民营企业进出口增速变化

类别	2019年	2020年一季度	2020年上半年度
民营企业进口额增速/%	11.5	13.78	-23.7
民营企业出口额增速/%	25.1	-11.54	-26.65

（七）民营经济保持较强创新活力

截至2020年6月末，全省拥有民营科技型中小企业7 840家，同比增长42.52%，比2019年增速高出3.4个百分点。其中成都市4 368家，同比增长40.59%，占全省民营科技型中小企业数的55.71%，排第二位的绵阳市739家，同比增长17.49%，占9.43%。截至2019年年末，全省拥有民营高新技术企业5 571家，其中，成都市4 079家，占73.22%，排第二位的绵阳市334家，占6%。

第二节 营商环境持续优化

（一）金融支持民营经济量增面广

截至2020年6月末，民营企业贷款余额达到11 566.07亿元，同比增长7.5%，相较于一季度提高1.83个百分点；占总贷款余额的17.11 %。民营经济贷款余额15 482.44亿元，同比增长9.74%。新增贷款额中民营企业占比为6.74%，较于2019年下降6.08个百分点。有贷款余额的民营企业103 477户，较于一季度增长13.62%。对单户授信总额1 000万元以下的小微企业贷款1 697.1亿元，较于2019年增长24.62%，加权平均利率为5.55%，较于2019年下降6.25%。全省融资担保公司达到308户，实现担保余额2 518.46亿元，融资担保公司对小微企业贷款余额897.3亿元，占比35.63%。全省共有小额贷款公司243户，实现贷款余额462.85亿元，对小微企业的贷款余额占比64.33%。全省民营上市公司达到77家，市值达到8 188.89亿元。民营企业资本市场直接融资额188.74亿元，比去年同期下降26.3%。

（二）民营经济财政扶持持续增强

2020年上半年度，政府采购合同授予中小微企业的金额是425.24亿元，占政府采购规模的88.87%，较于2019年年末增加2.36个百分点。截至2020年6月末，民营资本参与PPP项目库137个项目，同比增长23.42%，项目参与率达到36.05%，较于上一年同期增加1.05个百分点。中小企业发展专项资金预算额为2.7亿元，与上一年相同。

（三）民营经济权益保护持续推进

2020年上半年度，全省涉民营企业立案数为15.19万件，涉案金额1 634亿元，一审民事、刑事、行政涉民营企业案件审结数 10.62 万件，结案标的金额 802 亿元。审结立案比为 69.9%，比一季度高出 9.73 个百分点。一审涉民营企业案件审结平均时长为 1.32 个月。减免民营企业处罚案件 3 件，占涉民营企业处罚案件数的 4.29%。减免处罚民营企业经营者 3 人。全省民营经济维权数为 1 285件。

（四）民营经济党建护航

截至 2020 年 6 月末，全省民营经济共有基层党组织 15 511 个，同比增长 2.73%；有共产党员 182 892 名。“不忘初心、牢记使命”主题教育坚定了共产党人的初心和使命。基层党组织和广大党员在疫情防控和复工复产中发挥战斗堡垒和先锋模范作用。省纪委监委出台十八条措施服务保障民营经济健康发展，包括推动惠企政策落地、持续优化营商环境、引导政商“亲”“清”交往、联动处置信访举报、保护干事创业激情等。

第三节　民营经济发展指数

基于发展主体、发展环境、发展动能、发展水平和发展绩效五个一类指标、22 个二类指标的数据进行科学测算，得出 2020 年上半年度四川省民营经济发展指数为 66.50。成都市的民营经济发展指数为 83.46，排第一位，达州市（72.14）、绵阳市（70.97）分别列第二、三位（见表 3-5）。成都、达州、绵阳、南充、遂宁、宜宾、眉山、德阳、泸州、雅安、自贡、乐山 12 个市的民营经济发展指数高于全省水平。

发展主体分指数排前三位的分别是成都市、宜宾市、遂宁市。发展环境分指数排前三位的分别是成都市、南充市、宜宾市。发展动能分指数排前三位的分别是达州市、绵阳市、南充市。发展水平分指数排前三位的分别是成都市、宜宾市、绵阳市。发展绩效分指数排前三位的分别是成都市、绵阳市、宜宾市。

表 3-5　四川省民营经济发展指数

地区	综合得分	发展主体	发展环境	发展动能	发展水平	发展绩效
成都市	83.46	92.59	83.14	73.11	72.99	95.46
达州市	72.14	75.04	70.43	86.82	69.22	59.18
绵阳市	70.97	72.46	67.32	80.10	70.10	64.85
南充市	70.87	73.76	71.35	79.50	68.50	61.25
遂宁市	70.11	76.43	68.31	77.72	67.92	60.17
宜宾市	69.61	80.20	67.97	63.46	72.12	64.32
眉山市	69.19	76.28	63.35	78.58	66.82	60.91
德阳市	68.65	73.62	66.73	75.75	63.27	63.87
泸州市	68.43	71.56	63.59	75.63	69.24	62.15
雅安市	67.41	76.39	65.03	71.87	65.37	58.38
自贡市	67.16	72.21	67.83	70.76	65.58	59.43
乐山市	66.82	73.94	67.36	64.51	65.70	62.57
攀枝花市	66.09	72.50	61.41	73.30	64.22	59.03
内江市	65.70	72.32	64.86	68.90	63.81	58.59
广元市	64.30	73.23	63.04	62.97	64.10	58.14
巴中市	63.24	71.35	64.10	77.90	60.64	42.22
广安市	63.11	74.52	59.88	70.84	65.23	45.05
凉山彝族自治州	61.05	72.03	57.73	66.78	63.60	45.11
阿坝藏族羌族自治州	60.71	71.64	68.40	69.37	53.34	40.79
资阳市	57.58	72.47	58.45	52.63	61.35	42.98
甘孜藏族自治州	49.92	75.38	50.08	50.04	47.10	27.00
四川省	66.50	74.76	65.26	70.98	64.77	56.74

第四节　主要问题及困难

（一）消费回暖的态势不理想

消费回补迟迟未至，预防性储蓄却一度高涨。新冠疫情后，55.8%的年轻人倾向于只买生活必需品，40.2%的年轻人选择少买点，39.6%的年轻人购买决定更慎重。五一小长假全国接待国内游客人次和实现旅游收入分别同比下降52.8%和67.7%；端午节全国接待国内游客人次和实现旅游收入分别呈现出同比下降49.1%和68.8%。火锅上市公司海底捞2020年上半年度营业收入同比下降约20%，呷哺呷哺下降约29%。2020年6月，全国社消零增速仍为负（-1.8%），比上一年同期增速下降11.6个百分点。上半年度全省社消零同比下降7.5%，全国同比下降11.4%。

（二）民营经济信心不足

疫情会对社会心理造成冲击，忧患心理会驱使人们偏向更谨慎、更保守的经济行为。6月，中国制造业采购经理指数（以下简称“PMI”）为50.9%，连续四个月一直在荣枯线以上。非制造业商务活动指数为54.4%，连续四个月回升。尽管如此，民营经济信心仍显不足。疫情还没解除，市场尚未恢复，不敢贸然投资，对投资回报缺乏信心。6月中旬的省内企业调查显示，对下半年四川经济形势持乐观态度的民营企业只有49.7%，63.2%的民营企业认为下半年的生产经营情况会好一些。

（三）民营经济外贸下滑较为严重

全省民营企业出口额上半年度降幅为26.65%，比一季度降幅（11.54%）扩大。民营企业进口额上半年度增速为-23.7%，一季度增速是13.78%。全国民营企业出口额从2020年2月至6月同比降幅不断收窄且转正（增速分别是-12.8%、-7.3%、-2.7%、-0.1%、3.2%）。上半年度全省货物贸易进出口总额增长21%，其中，出口增长19.5%，进口增长23%。全省民营企业进出口增幅相较于全国、全省进出口表现而言，要更为逊色。新冠疫情在全球蔓延对全省民营企业外贸造成严重影响。

（四）民营企业经营困难

69.7%的民营企业生产经营在正常水平的70%及以下。在已复工企业中，民营企业上半年营业收入同比降低的占83.6%，降幅在30%以上的占52.9%。处于停业状态的企业中，95.6%是民营企业。64.6%的停业企业表示“资金紧张，缺少复工和运营经费”，43.2%的停业企业表示“所在行业市场不景气，复工会带来更大损失”。在关闭企业中，民营小微企业占95.2%，企业关闭的主要原因是疫情影响导致的行业不景气、经营业绩大幅下降、资金链断裂等。

第五节　对策建议

（一）弘扬企业家精神，扶持民营经济市场主体做大做强

深入贯彻落实习近平总书记在企业家座谈会上的重要讲话精神，保市场主体就是保社会生产力。要千方百计保护激发市场主体活力；要弘扬“企业家精神”，企业家要有爱国情怀，要勇于创新、诚信守法、主动承担社会责任、不断拓展国际视野；要落实好纾困惠企政策，打造市场化、法治化、国际化的营商环境，构建“亲”“清”政商关系，高度重视支持个体工商户发展；要加快解决民营企业面临的“三门三山”问题，维护民营企业合法权益；扶持领军民营企业冲击全国500强和世界500强。

（二）狠抓政策落地落实，切实帮助民营经济纾危解困

坚决打通政策落地“最后一公里”。继续减税降费、减租降息，确保各项纾困措施直接惠及市场主体；聚焦中小微企业融资痛点，强化对民营经济市场主体的金融支持，实施“金融甘露”行动，降低贷款平均利率；加大政府采购惠及民营经济市场主体，落实阶段性减免社保政策，减免个体工商户房租，最大限度地降低企业运营成本；实施外贸帮扶行动，稳住外贸基本盘，稳出口稳订单，支持出口产品转内销，完善出口退税方式，加快退税进度；纾解外贸企业流动性困难；保护好产业链供应链。

（三）强化内循环，加快形成“双循环”新格局

当经济进入调整期，民营经济首先受到挤压。要充分发挥国内超大规模市场优势，逐步形成以国内大循环为主体、国内国际双循环相互促进的新发展格局。财政政策更加积极有为；保障重大项目建设资金；货币政策更加灵活适度、精准导向；保持社会融资规模合理增长，推动综合融资成本明显下降；确保新增融资

重点流向制造业、中小微企业；发放消费券或补贴，刺激文化旅游消费，扩大汽车消费和住房消费，促进消费信贷，创新消费业态、消费场景，推进线上线下消费；实施消费扶贫行动。

（四）完善稳岗稳就业政策，稳定民营经济就业基本盘

2020年上半年民营企业用工量下降显著。要支持多渠道灵活就业，鼓励个体经营发展，增加非全日制就业机会，支持发展新就业形态。支持地摊经济规范发展，取消部分收费，提供低成本场地支持；支持新业态健康发展，如网络零售、在线教育培训、互联网医疗、移动出行、线上办公、共享食堂、在线娱乐等，推动新职业发布和应用，开展针对性技能培训；加大对就业困难人员帮扶力度，试点“就业券”制度，出台吸纳优秀大学生就业支持政策。

（五）加快民营经济协同发展，支持民营企业深度融入成渝地区双城经济圈建设

加快实现成渝地区民营经济协同发展，推动民营经济协同发展示范区等载体建设，发展共建互利的制造业集群。强化重庆、成都“双核”对外围区域科创、国际化、服务业、文化等元素的辐射；加强体制创新，推进民营经济综合改革示范试点，激发民营经济发展动能，例如降低民间资本进入重点领域门槛，支持民间资本控股。指引民营企业有效融入成渝地区双城经济圈建设。

第四章　2020年三季度四川省民营经济发展报告

2020年以来，在四川省委、省政府的坚强领导下，全省上下统筹推进疫情防控和经济社会发展，沉着应对新冠疫情的不利影响，出台纾困政策助力民营经济共度时艰。“农业多贡献、工业挑大梁、投资唱主角、消费促升级”的工作思路贯穿始终。前三季度，全省民营经济增加值增速由负转正，其中第一、二、三产业民营经济增加值均实现正增长，但民营经济整体表现弱于地区生产总值。2020年前三季度，全省民营经济增加值增长1.1%（低于地区生产总值增速1.3个百分点），占地区生产总值比重的54.1%，与2019年之前（一般高出地区生产总值增速0.1~0.2个百分点，占地区生产总值比重56%左右）相比，表现有所下滑。需要全省上下、各级各地加大民营经济工作力度，进一步加强对民营经济的统筹部署，强化民营经济政策“最后一公里”落实，通过探索在川渝毗邻区建设川渝民营经济协同发展示范区、强化开展县域民营经济发展示范试点、设立民营经济发展专项资金、推进名优民企雁阵培育和民营企业家梯度培育计划、定期表彰表扬民营经济等相关工作，提振民营企业发展信心，为全省经济社会发展做出更大贡献。2020年三季度四川省民营经济的发展状况具体如下：

第一节　民营经济恢复正增长

（一）民营经济增加值增速由负转正

2020年前三季度，全省实现民营经济增加值18 900.8亿元，同比增长1.1%，增速同比下降6.8个百分点，但较2020年上半年增速（-1.3%）由负转正；民营经济增加值占地区生产总值的比重为54.1%，同比下降0.4个百分点。

分产业看，第一产业实现民营经济增加值 1 042.3 亿元，同比增长 1.2%。第二产业实现民营经济增加值 9 825.6 亿元，同比增长 1.4%，其中工业增加值 8 329.5亿元，增速为 1.3%；建筑业增加值 1 496.1 亿元，增速为 1.5%。第三产业实现民营经济增加值 8 033.0 亿元，同比增长 0.5%。全省民营经济三次产业结构比为 5.5：52.0：42.5，与上一年同期相比，第一产业比重增加 0.1 个百分点，第二产业比重增加 5 个百分点，第三产业比重降低 5.1 个百分点（见表 4-1）。这说明第三产业受疫情影响较大，其占比下降。

表 4-1　民营经济第一、二、三产业比重比较　　单位:%

产业类别	2020 年前三季度	2019 年前三季度
第一产业比重	5.5	5.4
第二产业比重	52.0	47.0
第三产业比重	42.5	47.6

如表 4-2 所示，从总量上看，4 个市（州）达到 1 000 亿元以上，成都市 6 584.73亿元，高居第一，绵阳市（1 232.63 亿元）位居第二，宜宾市（1 079.88亿元）居第三位，南充市（1 032.16 亿元）居第四位。从增速上看，19 个市（州）呈现正增长，2 个市（州）(德阳市、巴中市）增速为负，宜宾市（1.9%）、遂宁市（1.8%）、广元市（1.7%）居前三位。从占地区生产总值比重上看，自贡市、攀枝花市等 11 个市（州）高于全省平均占比（54.1%），排在前三位的分别是遂宁市（63.1%）、南充市（61.2%）、巴中市（59.8%）；排在后三位的分别是阿坝藏族羌族自治州（44.5%）、资阳市（44.1%）、甘孜藏族自治州（28.5%）。

表 4-2　2020 年 1—9 月四川省各市（州）民营经济增加值

地区	总量/亿元	位次	增速/%	位次	占地区生产总值比重/%	位次
四川省	18 900.80		1.1		54.1	
成都市	6 584.73	1	1.2	10	51.1	17
自贡市	600.60	11	0.9	12	58.1	7

表4-2（续）

地区	总量/亿元	位次	增速/%	位次	占地区生产总值比重/%	位次
攀枝花市	404.48	15	1.2	10	54.3	11
泸州市	955.51	5	1.6	4	58.6	5
德阳市	942.50	6	-0.3	20	54.6	10
绵阳市	1 232.63	2	1.5	7	58.1	7
广元市	375.35	16	1.7	3	53.4	14
遂宁市	627.90	10	1.8	2	63.1	1
内江市	561.56	13	0.9	12	53.5	13
乐山市	750.49	8	1.6	4	53.6	12
南充市	1 032.16	4	0.5	17	61.2	2
眉山市	598.70	12	1.4	8	58.0	9
宜宾市	1 079.88	3	1.9	1	58.6	5
广安市	473.88	14	0.1	19	51.7	16
达州市	874.47	7	1.4	8	58.8	4
雅安市	271.51	19	1.6	4	49.6	18
巴中市	337.80	17	-1.3	21	59.8	3
资阳市	273.52	18	0.8	15	44.1	20
阿坝藏族羌族自治州	124.41	20	0.2	18	44.5	19
甘孜藏族自治州	76.84	21	0.7	16	28.5	21
凉山彝族自治州	721.88	9	0.9	12	52.5	15

（二）民间投资增速稳健恢复

2020 年前三季度，全省民间投资增速为 5.1%（见图 4-1）。虽然同比下降 3.6 个百分点，但是，相较于 2020 年上半年度增速（4.7%）高出 0.4 个百分点，也比全国民间投资增速高出 6.6 个百分点。全省民间投资占全社会投资的比重为 47.3%，相较于上一年同期下降 1.2 个百分点，比 2020 年上半年度下降 1.1 个百分点。这说明全省民间投资增速稳健恢复，但民间投资力度仍不及全社会固定资产投资力度。

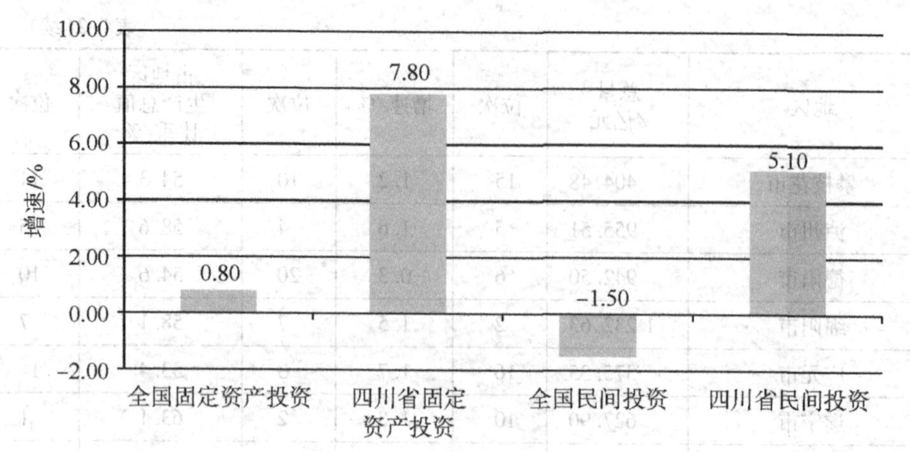

图 4-1　2020 年前三季度投资增速

如表 4-3 所示，从增速来看，2020 年 1—9 月，达州市、甘孜藏族自治州等 14 个市（州）民间投资增速为正，排在全省前三位的分别是达州市（26.7%）、甘孜藏族自治州（24.4%）、凉山彝族自治州（24.3%）。成都市民间投资同比持平。资阳市、德阳市、宜宾市、广安市、乐山市、广元市 6 个市（州）出现负增长，其中资阳市（-12.3%）的降幅最大。从占比来看，眉山、德阳等 12 个市（州）占比在全省水平（47.3%）之上，排在全省前三位的分别是眉山市（66.9%）、德阳市（64%）、绵阳市（59.4%），排在全省后三位的分别是甘孜藏族自治州（17.4%）、凉山彝族自治州（21.8%）、阿坝藏族羌族自治州（22.1%）。

表 4-3　2020 年 1—9 月四川省各市（州）民间投资增速及占比

地区	增速/%	位次	占全社会投资比重/%	位次
四川省	5.1		47.3	
成都市	0.0	15	44.5	14
自贡市	7.9	8	51.9	6
攀枝花市	7.4	9	46.7	13
泸州市	5.0	11	49.5	11
德阳市	-4.0	20	64.0	2

表4-3(续)

地区	增速/%	位次	占全社会投资比重/%	位次
绵阳市	4.9	12	59.4	3
广元市	-0.7	16	48.1	12
遂宁市	13.1	6	54.3	4
内江市	4.2	14	51.4	9
乐山市	-1.3	18	44.5	14
南充市	23.3	4	43.7	17
眉山市	13.4	5	66.9	1
宜宾市	-1.8	19	39.9	18
广安市	-1.1	17	51.7	7
达州市	26.7	1	54.2	5
雅安市	4.3	13	51.0	10
巴中市	8.6	7	51.6	8
资阳市	-12.3	21	44.4	16
阿坝藏族羌族自治州	6.6	10	22.1	19
甘孜藏族自治州	24.4	2	17.4	21
凉山彝族自治州	24.3	3	21.8	20

（三）民营经济市场主体保持平稳增长

截至2020年9月末，全省实有民营经济市场主体652.93万户，同比增长11.76%，占市场主体总量的97.44%。其中，私营企业153.59万户，同比增长16.18%，占民营经济市场主体的23.52%；个体工商户489.64万户，同比增长10.85%，占民营经济市场主体的74.99%；农民专业合作社9.70万户，同比下降4.9%，占民营经济市场主体的1.49%（见图4-2）。

2020年1—9月，民营经济市场主体新增92.42万户，占新增市场主体的98.21%。其中，私营企业新增28.67万户，占新增民营经济市场主体的31.02%；个体工商户新增63.17万户，占新增民营经济市场主体的68.35%；农民专业合作社新增0.58万户，占新增民营经济市场主体的0.62%。

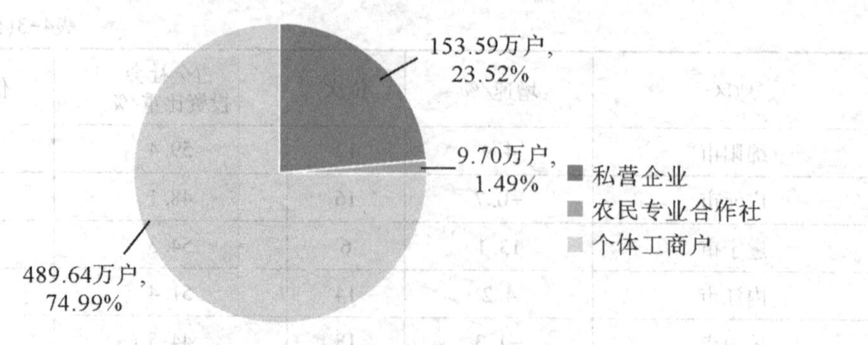

图 4-2 民营经济市场主体及占比

（四）民营经济税收降幅收窄

2020 年 1—9 月，全省民营经济完成税收 2 853.2 亿元，同比下降 2.31%，较上一年同期增幅回落 6.1 个百分点，与 2020 年上半年相比降幅（-5.5%）收窄。民营经济税收占全省税收的 65.33%。其中，增值税 1 147.75 亿元，同比下降 10.57%，占民营经济税收的 40.22%；消费税 79.38 亿元，同比下降 14.5%，占民营经济税收的 2.78%；企业所得税 657.61 亿元，同比增长 4.44%，占民营经济税收的 23.04%。全省民营经济税收减免 703.3 亿元，比上一年同期减少 14.5%。

（五）民营经济吸纳就业能力持续增强

截至 2020 年 9 月末，全省城镇就业登记总数为 1 922 万人。其中，民营经济就业登记人数为 1 546 万人，比上半年增长 2.86%，占全省城镇就业登记总数的 80.4%。1—9 月全省城镇新增就业 69.64 万人。其中，民营经济吸纳城镇新增就业 60.6 万人，比上半年增长 55.74%，占全省城镇新增就业的 87.1%。全省民营经济共有基层党组织 16 656 个，同比增长 6.8%；有共产党员 193 237 名，同比增长 5.13%。

（六）民营企业进出口恢复较快增长

随着国内疫情得到有效控制，我国产业恢复和出口活力大增。2020 年 1—9 月，全省民营企业实现进口额 385.1 亿元，同比增长 17.58%，比上半年增速（-23.7%）提高 41.28 个百分点，占四川省进口总额的 15.14%。全省民营企业实现出口额 936.4 亿元，同比增长 21.18%，比上半年增速（-26.65%）提高 47.83 个百分点，占四川省出口总额的 27.74%。民营企业对全省的出口贡献大于进口。有外贸实绩的民营企业数达到4 516户，同比增长8.4%。民营企业新设境外机构备案数39户，比上半年增加9户。

（七）民营高新技术企业数减少

截至2020年9月末，全省拥有民营科技型中小企业10 744家，同比增长16.01%，其中位居第一位的成都市5 588家，同比增长6.68%，占全省民营科技型中小企业数的52.01%；位居第二位的绵阳市1 094家，同比增长4.29%，占全省民营科技型中小企业数的10.18%。全省拥有民营高新技术企业5 571家，比2019年年末减少29家。其中，成都市4 079家，占73.22%；绵阳市334家，占6%。

（八）四川进入“中国民营企业500强”的民营企业达到12家

2020年“中国民营企业500强”入围门槛为年营业收入202亿元，全省民企进3退2，上榜的12家分别是新希望集团、通威集团、蓝光投资控股集团、蓝润集团、四川省川威集团、四川德胜集团钒钛有限公司、四川科伦实业集团、成都京东世纪贸易有限公司、浩均发展集团、中国金属资源利用有限公司、正黄集团有限公司以及成都蛟龙港（成都蛟龙投资有限责任公司、成都蛟龙经济开发有限公司）。2020年四川省民营企业100强入围营收门槛为年营业收入17.15亿元，同比增加3.84亿元。其中，成都平原经济区73家（成都市有47家）、川南经济区13家、川东北经济区9家、攀西经济区4家、川西北生态经济区1家。

第二节 优化营商环境效果显现

（一）民营经济金融支持力度加大

截至9月末，全省民营企业贷款余额为11 793.29亿元，占全省总贷款余额的16.93%；增速7.83%，比上半年提高了0.33个百分点。全省民营经济贷款余额为15 980.44亿元，占全省总贷款余额的22.94%；增速11.33%，比上半年提高1.59个百分点。新增贷款额中民营企业占比为14.08%，同比减少1.1个百分点。有贷款余额的民营企业达到11.11万户，同比增长18.52%。对单户授信总额1 000万元以下的小微企业贷款1 868.28亿元，同比增长43.46%，其加权平均利率为5.69%。全省有融资担保公司300家，同比下降7.12%，实现担保余额2 346.9亿元，同比增长25.54%，民营企业贷款平均担保费率为2.15%。全省共有小额贷款公司237家，同比减少8.84%。截至9月末，四川省民营上市公司达到80家，比上一年同期增加5家，市值达到9 290.75亿元。民营企业资本市场直接融资额为270.04亿元，比上一年同期下降12.8%。

（二）财政扶持民营经济持续增强

截至9月末，政府采购合同授予中小微企业的金额是828.3亿元，占政府采购规模的89.96%，较2019年年末增长3.46个百分点。民营资本参与PPP项目库144个项目，同比增长21%，项目参与率达到36.46%，同比增长0.46个百分点。中小企业发展专项资金预算额为2.7亿元，与上一年持平。

（三）民营经济权益保护稳步推进

2020年前三季度，全省涉民营企业立案数为25.948 2万件，涉案金额2 604.38亿元，一审民事、刑事、行政涉民营企业案件审结数为18.838 9万件，审结立案比为72.6%，比上半年度高出2.7个百分点。一审涉民营企业案件审结平均时长为2.18个月。减免民营企业处罚案件11件，占涉民营企业处罚案件数的7.19%。全省民营经济维权数为1 570件。

（四）民营企业获得政策实惠

省民营办2020年10月份开展的问卷调查显示，67.39%的受访民营企业从省、市缓解企业生产经营困难政策措施中获得了实惠。31.88%的受访民营企业认为当地落实得非常好，43.48%的受访民营企业认为落实得比较好。59.42%的受访民营企业表示感受到当地营商环境在优化。60.87%的受访民营企业不担心民营企业（家）的财产权、经营权等得不到保障（见图4-3）。

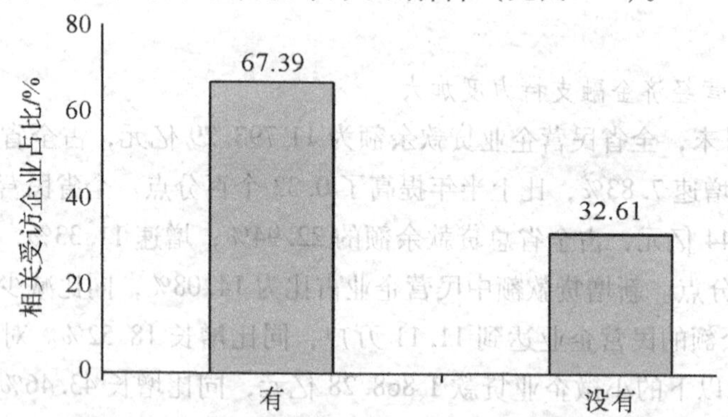

图4-3 民营企业对“有没有从省、市(州)缓解企业生产经营困难政策措施中获得实惠”的态度(1)

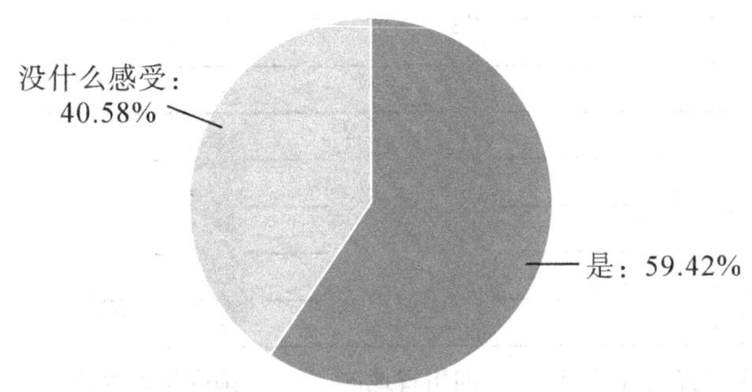

图4-3 民营企业对“是否感受到当地营商环境在优化”的态度（2）

第三节 主要问题及困难

（一）民营经济的整体表现逊于全省地区生产总值

2020年前三季度，全省民营经济恢复正增长，民营经济增加值增速（1.1%）虽然比国内生产总值增速（0.7%）高0.4个百分点，但低于全省地区生产总值增速（2.4%）1.3个百分点（见表4-4）。从产业增速上看，三大产业中民营经济增加值的同比增速均低于全省地区生产总值中相应产业的增速。与国内生产总值产业增速相比，四川省民营经济第一产业同比增速落后于全国第一产业同比增速，第二、三产业民营经济增加值同比增速高于全国第二、三产业同比增速（见图4-4）。

表4-4 2020年前三季度增加值增速 单位：%

类别	2020年一季度	2020年上半年度	2020年前三季度
国内生产总值增加值	-6.8	-1.6	0.7
四川省地区生产总值增加值	-3.0	0.6	2.4
四川省民营经济增加值	-5.8	-1.3	1.1

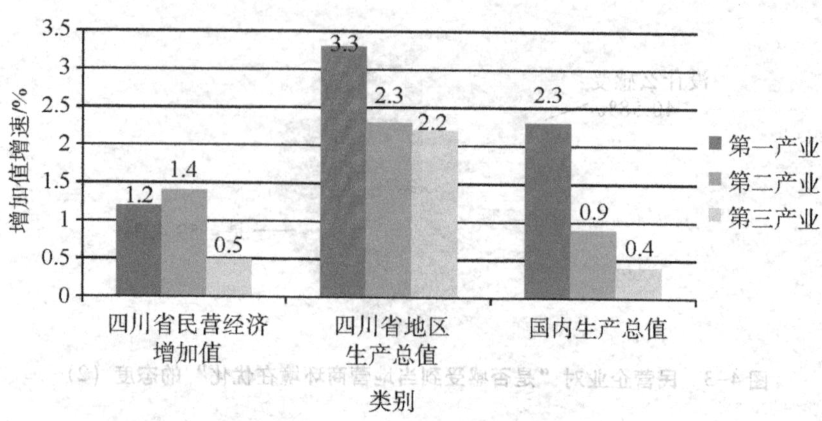

图 4-4　第一、二、三产业增加值增速

（二）消费仍在恢复当中

2020 年国庆假期，全国共接待国内游客 6.18 亿人次，同比恢复 79.0%；实现国内旅游收入 4 543.3 亿元，同比恢复 69.9%，五年来国庆长假旅游业首次出现负增长。2020 年前三季度，全国社消零同比下降 7.2%，降幅比上半年度收窄 4.2 个百分点。其中，第三季度增长 0.9%，季度增速年内首次转正。按消费类型分，餐饮收入下降 23.9%；商品零售下降 5.1%，消费升级类商品销售额实现较快增长。全国网上零售额同比增长 9.7%。其中，实物商品网上零售额增长 15.3%。全省社消零同比下降 4.8%，降幅比上半年度收窄 2.7 个百分点。

（三）民营企业资金压力较大

受新冠疫情影响，市场销售和回款不理想，造成市场不景气、现金流吃紧的困境。省民营办调研发现，37.68%的受访民营企业表示急需资金支持，12.32%的受访民营企业表示融资需求增大（见图 4-5）。1—9 月，55.8%的受访民营企业申请了银行贷款，49.28%的受访民营企业成功申请到银行贷款（见图 4-6）。31.16%的受访民营企业表示银行贷款年利率在 5%以下，16.67%的受访民营企业银行贷款年利率为 5%。

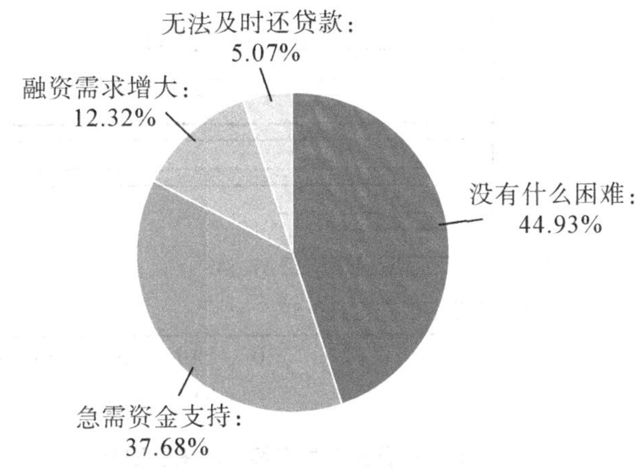

图4-5　受访民营企业的资金需求

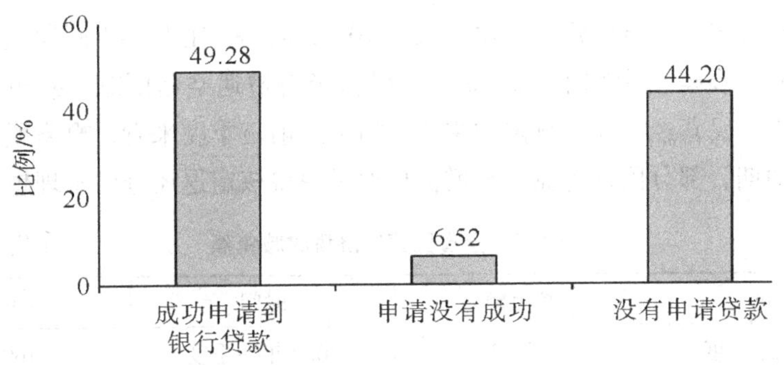

图4-6　受访民营企业申请银行贷款情况

（四）民营企业经营困难仍在继续

省民营办在乐山的抽样调查数据显示，42.03%的受访民营企业用电量比上一年同期减少。37.68%的受访民营企业用工量比上一年同期减少。57.25%的受访民营企业市场订单（销量）比上一年同期减少。在订单（销量）减少的民企中，减少20%~50%的民营企业占到60.76%。57.97%的受访民营企业表示产量或营业额比上一年同期减少，其中72.5%的民营企业产量或营业额减少20%~50%。对未来一年的生产经营和营业收入情况，16.67%的受访民营企业认为会更差，26.81%受访民营企业认为与现在持平。制约民营企业生产经营最主要的因素是原材料价格上涨、劳动力价格上涨、市场不景气导致生产的产品积压、资金紧张或资金周转困难等（见图4-7）。

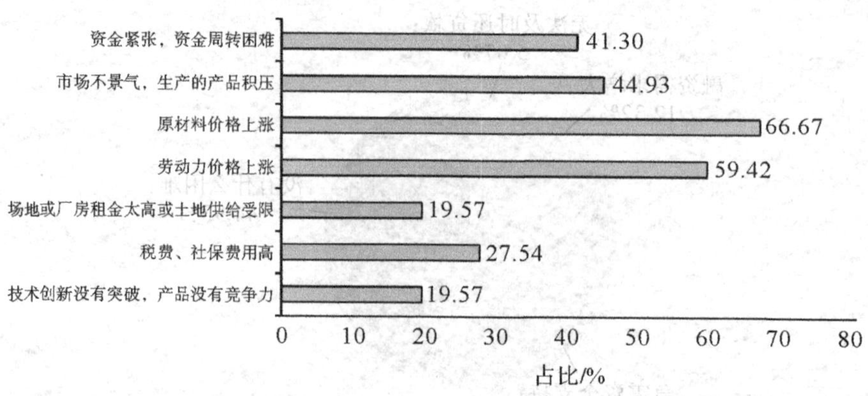

图 4-7　制约民营企业生产经营的主要因素

（五）民营经济税收减免力度不及预期

截至 9 月末，全省民营经济税收减免 703.3 亿元，比上一年同期减少 14.5%（见表 4-5）。在疫情影响下，2020 年的民营经济遭遇空前困难，省市各级都把减税降费作为民营经济纾危解困的主要举措。从前三季度来看，全省税收减免的力度不及预期，部分民营企业反映增值税留抵退税核定返还进度不理想。

表 4-5　全省民营经济税收减免额　　单位：亿元

时间	减免额	时间	减免额
2019 年一季度	160.2	2020 年一季度	160.0
2019 年上半年度	688.4	2020 年上半年度	385.4
2019 年前三季度	822.9	2020 年前三季度	703.3

第四节　对策建议

（一）提振民营经济发展信心

2020 年 10 月 13 日，国际货币基金组织发布《世界经济展望报告》，预测中国 2020 年的经济增速为 1.9%，2021 年的经济增速为 8.2%，中国将成为唯一在 2020 年实现正增长的主要经济体，2020 年世界经济将萎缩 4.4%。9 月份，我国进出口增速双双超出预期，出口同比增长9.9%，进口同比增长13.2%。前三季度四川货物贸易进出口同比增长22.7%，增速位列全国第一，其中出口增长23.1%，进口增长22.2%。48.55%的受访民营企业对未来一年的生产经营和营收情况表示“相对乐观，会好一些”，7.97%的受访民营企业表示“乐观，会好很多”（见图4-8）。

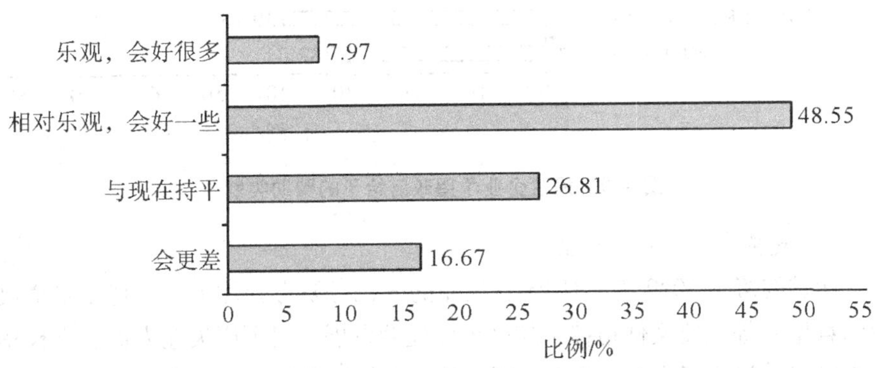

图4-8　民营企业对未来一年生产经营和营业收入情况的预测

（二）大力实施民营企业雁阵培育

按照“扶优扶强、进位晋级、挂牌上市、全面提升”的总体思路，实施四川民营企业雁阵培育五年行动计划。推动民营企业发展壮大，引导挂牌上市，强化要素保障，落实财税政策，夯实人才支撑，完善服务体系。到2024年，实现全省民营企业“破零翻番增量”目标，即世界500强“零的突破”，中国民营企业500强“翻一番”，成长企业挂牌上市“增数量”。

（三）狠抓政策落地落实

成立民营企业纾危解困基金，出台各项纾困政策，打通政策落地“最后一公里”，狠抓政策落实直接惠及市场主体。为缓解生产经营困难，希望政府提供相关补贴的受访民营企业占69.57%；希望减免企业税费的占68.12%；希望减免社保费用的占56.52%；希望提供贷款、融资等金融支持，降低融资成本的占46.38%（见图4-9）。建议多形式提供阶段性生产经营纾困补贴，如用工补贴、贴息补贴等；继续减税降费，加快退税进度，强化对民营企业的金融支持，不抽贷不压贷不断贷，降低贷款平均利率；优化营商环境，提高政务服务效率和质量，控制要素端成本上涨。

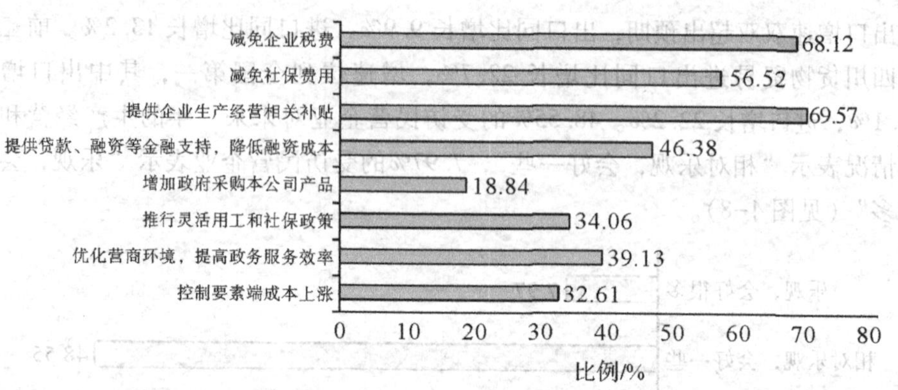

图 4-9 民营企业希望政府给予的帮助类别

(四) 支持多渠道灵活就业

全面贯彻落实 2020 年 7 月 28 日发布的《国务院办公厅关于支持多渠道灵活就业的意见》等重要文件精神，鼓励个体经营发展。对下岗失业人员、高校毕业生、农民工、就业困难人员等重点群体从事个体经营的，按规定给予创业担保贷款、税收优惠、创业补贴等政策支持；增加非全日制就业机会，加大对非全日制劳动者的政策支持力度，对就业困难人员、离校 2 年内未就业高校毕业生从事非全日制工作的，按规定给予社会保险补贴；支持发展新就业形态；实施包容审慎监管，促进数字经济、平台经济健康发展，加快推动网络零售、移动出行、线上教育培训、互联网医疗、在线娱乐等行业发展。创造更多灵活就业岗位，吸纳更多劳动者就业。

第五章　2020 年度
四川省民营经济发展报告

2020 年，在省委、省政府的坚强领导下，四川省民营经济全力抗击新冠疫情，坚持在常态化疫情防控中全方位推进企业生产经营，深入贯彻“农业多贡献、工业挑大梁”的决策部署，全面落实“六稳”“六保”工作，全年实现探底回升走势。全省民营经济总体呈现“45689”的基本特征，贡献了 46.4%的投资、54.6%的国内生产总值、66.64%的税收、81.92%的就业、97.45%的市场主体，为稳住经济基本盘、决战决胜脱贫攻坚、全面建成小康社会做出了应有的贡献。2020 年四川省民营经济的发展状况及指数情况如下：

第一节　四川省民营经济运行基本情况

（一）增加值探底回升，8 市（州）破千亿元

2020 年，全省实现民营经济增加值 26 532.93 亿元，增速为 2.9%，比上一年下降 4.7 个百分点。民营经济增加值占地区生产总值比重为 54.6%，比上一年下降 1.7 个百分点；受疫情影响，2020 年一季度民营经济增加值增速下滑明显（-5.8%），半年度较一季度回升（-1.3%），第三季度恢复正增长（1.1%），全年增速扩大（2.9%），呈探底回升态势，但仍比全省地区生产总值增速（3.8%）低 0.9 个百分点（见图 5-1）。2020 年，民营经济对经济增长的贡献率为 41.67%，比上一年下降 16 个百分点（见图 5-2）。

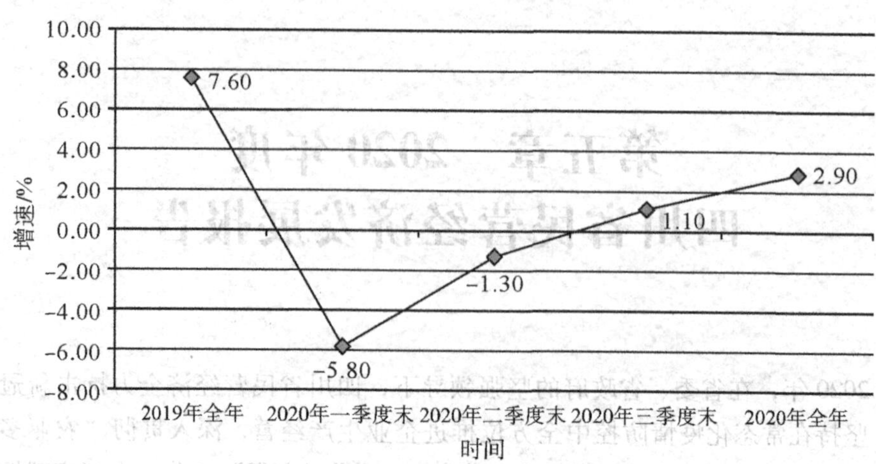

图 5-1　2020 年民营经济增加值增速变化

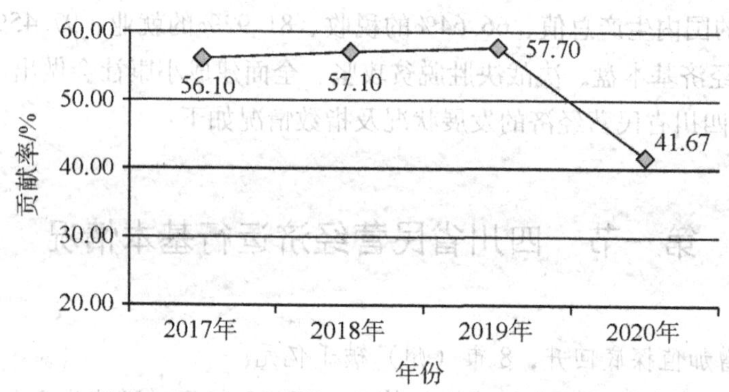

图 5-2　民营经济对经济增长的贡献率

分产业看，第一产业实现民营经济增加值 1 889.6 亿元，增速为 6.4%。第二产业实现民营经济增加值 13 059.25 亿元，增速为 2.9%，其中，工业增加值 9 919.1亿元，增速为 3.1%，建筑业增加值 3 140.15 亿元，增速为 2.0%。第三产业实现民营经济增加值 11 584.08 亿元，增速为 2.3%。民营经济第一产业、第二产业表现优于第三产业，全省民营经济三次产业结构由 2019 年的 6.1∶43.3∶50.6 调整为 2020 年的 7.1∶49.2∶43.7。须警惕第三产业占比明显下降。

从市（州）民营经济增加值总量上看，8 个市（州）达到千亿元规模，其中成都市（8 902.78 亿元）居第一位，绵阳市（1 822.17 亿元）、宜宾市

（1 637.27亿元）分列第二、三位。从增速上看，全部市（州）呈现正增长，12个市（州）超过全省增速。其中雅安市（3.9%）、宜宾市（3.9%）并列第一位，广元市（3.6%）居第三位。从民营经济增加值占地区生产总值比重上看16个市（州）超过全省占比。其中遂宁市（60.6%）、绵阳市（60.5%）、达州市（60%）排前三位（见表5-1）。市（州）民营经济呈现不平衡发展格局。

表5-1　四川省各市（州）民营经济增加值总量、增速及占比

地区	总量/亿元	位次	增速/%	位次	占地区生产总值比重/%	位次
四川省	26 532.93		2.9		54.6	
成都市	8 902.78	1	3.1	9	50.3	18
自贡市	811.33	12	3.0	11	55.6	15
攀枝花市	557.29	15	2.9	13	53.5	17
泸州市	1 229.15	7	3.5	4	57.0	10
德阳市	1 377.93	5	1.7	19	57.3	9
绵阳市	1 822.17	2	3.1	9	60.5	2
广元市	554.14	16	3.6	3	55.0	16
遂宁市	851.02	11	3.4	6	60.6	1
内江市	878.74	9	2.9	13	59.9	4
乐山市	1 121.84	8	3.3	7	56.0	13
南充市	1 417.84	4	2.8	16	59.1	5
眉山市	802.48	13	3.2	8	56.4	11
宜宾市	1 637.27	3	3.9	1	58.4	7
广安市	729.73	14	2.5	18	56.1	12
达州市	1 270.46	6	3.5	4	60.0	3
雅安市	443.38	19	3.9	1	58.8	6
巴中市	444.87	18	1.7	19	58.0	8
资阳市	450.59	17	3.0	11	55.8	14

表5-1(续)

地区	总量/亿元	位次	增速/%	位次	占地区生产总值比重/%	位次
阿坝藏族羌族自治州	185.32	20	2.6	17	45.0	20
甘孜藏族自治州	183.47	21	1.1	21	44.7	21
凉山彝族自治州	861.13	10	2.9	13	49.7	19

（二）民间投资增速有所回落，4个市呈现负增长

2020年，全省民间投资同比增长4.7%，比上一年增速下降3.9个百分点。民间投资占全社会投资比重为46.4%，较上一年占比下降2.3个百分点。

从市（州）民间投资增速来看，17个市（州）增速为正，11个市（州）超过全省增速。其中，南充市（24%）、达州市（22.6%）、攀枝花市（17.5%）居前三位；成都市（-4.1%）、德阳市（-1.5%）、巴中市（-1.4%）、宜宾市（-0.2%）增速为负。从民间投资占全社会投资比重来看，13个市（州）占比超过全省水平。其中眉山市（66.8%）、德阳市（61.6%）、遂宁市（56.7%）排前三位；阿坝藏族羌族自治州（22.8%）、凉山彝族自治州（20.4%）、甘孜藏族自治州（16.3%）的民间投资占比靠后（见表5-2）。成都、德阳、宜宾等较发达市（州）民间投资呈负增长，须保持高度警惕。

表5-2 2020年四川省市（州）民间投资增速及占比

地区	增速/%	位次	占比/%	位次
四川省	4.7		46.4	
成都市	-4.1	21	42.6	17
自贡市	5.4	10	50.4	8
攀枝花市	17.5	3	49	10
泸州市	0.8	17	46.7	13
德阳市	-1.5	20	61.6	2
绵阳市	3.8	13	56.1	4
广元市	5.4	10	47.5	12

表5-2(续)

地区	增速/%	位次	占比/%	位次
遂宁市	17.3	4	56.7	3
内江市	13.1	7	55.3	5
乐山市	1.7	16	44.3	15
南充市	24.0	1	43.1	16
宜宾市	-0.2	18	38.9	18
广安市	2.2	15	51.4	7
达州市	22.6	2	54.6	6
巴中市	-1.4	19	48.7	11
雅安市	4.4	12	49.9	9
眉山市	14.5	5	66.8	1
资阳市	3.2	14	45.0	14
阿坝藏族羌族自治州	13.9	6	22.8	19
甘孜藏族自治州	9.0	8	16.3	21
凉山彝族自治州	9.0	8	20.4	20

（三）民营经济市场主体高位增长，占比达到97.46%

截至2020年12月末，全省实有民营经济市场主体681.48万户，同比增长14.15%，比上一年高出4.65个百分点，占全部市场主体数（699.25万户）的97.46%。其中，私营企业162.04万户，同比增长18%，占民营经济市场主体的23.78%；个体工商户508.78万户，同比增长13.23%，占民营经济市场主体的74.66%；农民专业合作社10.66万户，同比增长2.86%，占民营经济市场主体的1.56%。全年新增民营经济市场主体126.59万户，占全部新增市场主体数（128.89万户）的98.21%。其中，私营企业新增39.06万户，占新增民营经济市场主体的30.85%；个体工商户新增86.75万户，占新增民营经济市场主体的68.53%；农民专业合作社新增7 811户，占新增民营经济市场主体的0.62%。在疫情造成不利局面的背景下，四川省民营经济市场主体活力依然强劲。

从市（州）民营经济市场主体来看，成都市（284.19万户）、绵阳市

(36.53万户)、宜宾市(35.97万户)排总量前三位。宜宾市(17.92%)、雅安市(17.69%)、成都市(16.47%)排增速前三位。遂宁市(98.11%)、宜宾市(98.10%)、雅安市(98.00%)排占比前三位(见表5-3)。

表5-3 2020年四川省各市(州)民营经济市场主体总量、占比及增速

地区	总量/万户	位次	占比/%	位次	增速/%	位次
四川省	681.48		97.46		14.15	
成都市	284.19	1	97.37	13	16.47	3
自贡市	15.93	14	97.15	18	11.48	14
攀枝花市	10.47	19	97.48	11	12.21	11
泸州市	30.33	5	97.22	16	11.23	16
德阳市	22.10	8	97.02	20	13.46	7
绵阳市	36.53	2	97.72	10	9.95	19
广元市	16.82	13	97.01	21	10.50	18
遂宁市	15.87	16	98.11	1	14.12	6
内江市	16.82	12	97.86	7	8.71	21
乐山市	18.93	11	97.45	12	11.17	17
南充市	31.74	4	97.87	6	12.17	12
眉山市	20.01	9	97.96	5	11.94	13
宜宾市	35.97	3	98.10	2	17.92	1
广安市	19.01	10	97.76	9	11.46	15
达州市	24.15	7	97.81	8	12.84	9
雅安市	15.90	15	98.00	3	17.69	2
巴中市	15.65	17	97.26	15	9.08	20
资阳市	11.86	18	97.31	14	15.22	4
阿坝藏族羌族自治州	6.36	21	97.22	16	12.92	8
甘孜藏族自治州	6.79	20	97.04	19	12.24	10
凉山彝族自治州	25.86	6	97.99	4	14.21	5

（四）税收减免幅度加大，税收实现2%以上增长

2020 年，全省民营经济完成税收 3 893 亿元，同比增长 2.1%，疫情后恢复正增长（一、二、三季度末增速分别是-9.12%、-5.50%、-2.31%），较上一年增速回落 4.8 个百分点（见图 5-3）。其中，增值税 1 591.9 亿元，同比下降 3.5%，占民营经济税收的 40.89%；消费税 86.9 亿元，同比下降 19.54%，占 2.23%，企业所得税 806.4 亿元，同比增长 5.47%，占 20.71%。民营经济税收占全省税收总额（含海关代征收入）的 66.64%；眉山市（82.5%）、南充市（81.1%）、广安市（80.4%）、乐山市（80.1%）的民营经济税收占比超过 80%（见表 5-4）。全省加大税收减免力度，全年民营经济税收减免 1 306.9 亿元，同比增长 30.43%。2020 年，全国民营企业税收增幅下降 1.8%，民营企业贡献了税收的 59.7%。对比之下，四川省民营经济既实现了减税大幅增长，也实现了税收正增长。

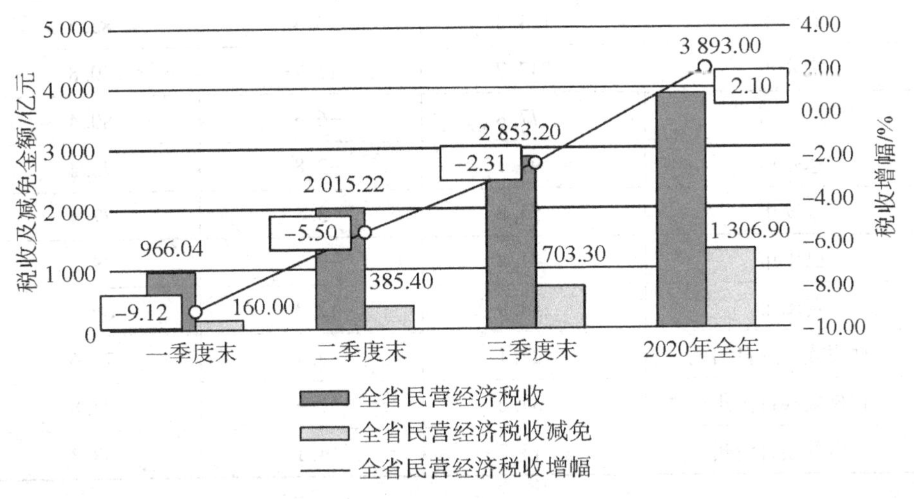

图 5-3 2020 年民营经济税收及减免

表 5-4 全省各市（州）民营经济税收情况

地区	总量/亿元	增速/%	占比/%
四川省	3 893.0	2.1	66.6
成都市	1 917.4	6.9	62.9

表5-4(续)

地区	总量/亿元	增速/%	占比/%
自贡市	59.9	-6.1	72.9
攀枝花市	68.2	8.3	67.5
泸州市	186.8	-1.5	67.1
德阳市	163.8	0.5	62.5
绵阳市	176.7	9.3	78.4
广元市	55.8	-4.0	79.0
遂宁市	69.4	-4.0	68.0
内江市	63.6	2.1	70.1
乐山市	130.3	-8.4	80.0
南充市	134.2	4.7	81.1
眉山市	124.8	3.4	82.5
宜宾市	247.7	-11.7	60.8
广安市	77.8	-6.3	80.4
达州市	97.1	-2.8	73.4
雅安市	54.8	3.8	77.4
巴中市	41.4	-9.7	78.8
资阳市	44.9	12.3	69.8
阿坝藏族羌族自治州	27.1	-2.1	77.6
甘孜藏族自治州	37.6	17.5	77.8
凉山彝族自治州	113.7	-14.1	58.3

(五)吸纳就业能力持续增强，贡献九成以上新增城镇就业

截至2020年年末，全省城镇就业登记人数为1 918.96万人，其中，民营经济就业登记人数为1 572.09万人，比2020年一季度末增长6.94%，占全省城镇就业登记人数的81.92%（见表5-5）。2020年，全省城镇新增就业96.22万人，其中，民营经济吸纳城镇新增就业87.86万人，占全省城镇新增就业的91.31%，比一季度末增加3.51个百分点（见表5-6）。全省民营经济吸纳就业能力持续增

强，贡献了八成以上就业和九成以上的新增城镇就业。

表 5-5　2020 年四川省各市（州）民营经济就业人数

地区	就业登记人员/万人	民营经济就业人数/万人	民营经济占比/%
四川省	1 918.96	1 572.09	81.92
成都市	711.77	581.90	81.75
自贡市	49.65	42.08	84.75
攀枝花市	26.47	20.54	77.58
泸州市	107.21	89.67	83.64
德阳市	128.61	113.94	88.59
绵阳市	105.81	90.02	85.08
广元市	62.35	50.05	80.28
遂宁市	49.03	42.57	86.81
内江市	44.68	37.29	83.46
乐山市	82.97	65.56	79.01
南充市	81.74	67.36	82.40
眉山市	64.84	55.61	85.77
宜宾市	58.17	48.46	83.32
广安市	40.65	32.53	80.01
达州市	22.96	19.87	86.54
雅安市	53.55	38.12	71.18
巴中市	40.29	29.97	74.38
资阳市	109.82	96.57	87.94
阿坝藏族羌族自治州	25.32	17.32	68.39
甘孜藏族自治州	13.14	8.49	64.59
凉山彝族自治州	39.94	24.18	60.54

表 5-6　2020 年四川省各市（州）民营经济新增就业人数

地区	2020 年城镇新增就业人数/万人	民营经济新增就业人数/万人	民营经济占比/%
四川省	96. 22	87. 86	91. 31
成都市	25. 45	23. 46	92. 19
自贡市	3. 79	3. 47	91. 49
攀枝花市	1. 87	1. 71	91. 47
泸州市	4. 19	4. 04	96. 52
德阳市	4. 21	3. 99	94. 82
绵阳市	5. 39	5. 12	94. 93
广元市	3. 68	3. 06	83. 30
遂宁市	3. 72	3. 41	91. 87
内江市	4. 09	3. 68	90. 03
乐山市	4. 65	4. 19	90. 02
南充市	6. 89	6. 45	93. 64
眉山市	3. 22	2. 99	92. 88
宜宾市	6. 32	5. 98	94. 64
广安市	4. 38	3. 72	84. 84
达州市	4. 01	3. 63	90. 64
雅安市	1. 98	1. 82	91. 94
巴中市	3. 21	2. 81	87. 48
资阳市	1. 73	1. 57	90. 52
阿坝藏族羌族自治州	0. 74	0. 51	68. 38
甘孜藏族自治州	0. 80	0. 66	82. 81
凉山彝族自治州	1. 90	1. 58	83. 20

（六）出口表现优于进口，进出口增长 13. 13%

2020 年，全省民营企业实现进出口总额 1 848. 5 亿元，同比增长 13. 13%。

其中，民营企业实现进口额536.7亿元，增速为7.7%，比上一年下降3.8个百分点，比全省进口增速低11.1个百分点；占全省进口总额的15.65%，较上一年下降1.25个百分点。民营企业实现出口额1 311.8亿元，增速为13.1%，比上一年增速下降12个百分点，比全省出口增速低6.1个百分点；占全省出口总额的28.18%，较上一年下降1.32个百分点。全省有外贸实绩的民营企业数达到5 014户，同比增长2.61%。民营企业新设境外机构备案数56户，同比下降21.12%。全省民营企业进出口保持稳健增长，但其表现相较于全省进出口总额而言较弱。四川省各市（州）的进出口贸易额及增速见表5-7。

表5-7　2020年四川省各市（州）民营企业进出口贸易额及增速

市（州）	进出口/亿元	增速/%
成都市	1 279.3	16.2
自贡市	10.5	50.1
攀枝花市	7.6	-7.8
泸州市	48.4	-1.6
德阳市	73.7	-16.9
绵阳市	128.7	8.0
广元市	2.1	11.6
遂宁市	27.1	5.1
内江市	17.2	44.5
乐山市	15.7	-5.0
南充市	34.6	-45.8
眉山市	27.4	80.0
宜宾市	122.4	62.0
广安市	13.8	-58.6
达州市	26.6	33.5
雅安市	5.9	-5.8
巴中市	2.5	-59.1
资阳市	14.9	34.1

表5-7(续)

市（州）	进出口/亿元	增速/%
阿坝藏族羌族自治州	0.4	-22.8
甘孜藏族自治州	1.2	-20.8
凉山彝族自治州	0.6	41.7

（七）科创型企业快速增长，科技型中小企业突破1万家

截至2020年12月末，全省拥有民营科技型中小企业12 279家，同比增长33.42%。其中，成都市6 023家，同比增长14.99%，占全省民营科技型中小企业数的49.05%；绵阳市1 375家，同比增长31.08%，占11.20%；南充市829家，同比增长36.35%，占6.75%。全省拥有民营高新技术企业8 103家，同比增长44.69%。其中，成都市6 088家，同比增长49.25%，占75.13%；绵阳市442家，同比增长32.34%，占5.45%；德阳市261家，同比增长28.57%，占3.22%。全省科技创新型企业表现活跃，主要集中在成都和绵阳等市。四川省各市（州）的民营高新技术企业数和民营科技型中小企业数见表5-8和表5-9。

表5-8　四川省各市（州）民营科技型中小企业数

地区	总量/家	增速/%	占比/%
四川省	12 279	32.59	100.00
成都市	6 023	14.99	49.05
自贡市	155	68.48	1.26
攀枝花市	124	9.73	1.01
泸州市	357	86.91	2.91
德阳市	608	49.02	4.95
绵阳市	1 375	31.08	11.20
广元市	103	10.75	0.84
遂宁市	319	40.53	2.60
内江市	329	12.67	2.68
乐山市	145	21.85	1.18

表5-8(续)

地区	总量/家	增速/%	占比/%
南充市	829	36.35	6.75
眉山市	132	4.76	1.08
宜宾市	819	727.27	6.67
广安市	316	195.33	2.57
达州市	263	19.00	2.14
雅安市	63	26.00	0.51
巴中市	130	35.42	1.06
资阳市	49	-10.91	0.40
阿坝藏族羌族自治州	43	34.38	0.35
甘孜藏族自治州	0	-100	0.00
凉山彝族自治州	97	148.72	0.79

表5-9 四川省各市（州）民营高新技术企业数

地区	总量/家	增速/%	占比/%
四川省	8 103	45.45	100.00
成都市	6 088	49.25	75.13
自贡市	94	40.30	1.16
攀枝花市	50	38.89	0.62
泸州市	142	24.56	1.75
德阳市	261	28.57	3.22
绵阳市	442	32.34	5.45
广元市	43	2.38	0.53
遂宁市	109	45.33	1.35
内江市	97	34.72	1.20
乐山市	109	15.96	1.35
南充市	109	49.32	1.35

表5-9(续)

地区	总量/家	增速/%	占比/%
眉山市	105	25.00	1.30
宜宾市	147	77.11	1.81
广安市	65	54.76	0.80
达州市	93	43.08	1.15
雅安市	47	14.63	0.58
巴中市	38	80.95	0.47
资阳市	26	13.04	0.32
阿坝藏族羌族自治州	9	28.57	0.11
甘孜藏族自治州	3	50.00	0.04
凉山彝族自治州	26	85.71	0.32

第二节　民营经济工作稳准有力

（一）金融稳企成效明显

2020 年，全省针对疫情大力保障市场主体，开展了“战疫贷”“稳保贷”“金融甘露计划”等行动。截至 2020 年 12 月末，全省民营经济贷款余额达到 14 775.89亿元，同比增长 10.37%，占总贷款余额的 20.8%。民营企业贷款余额达到11 710.79亿元，同比增长 8.47%，占总贷款余额的 16.48%。个体工商户贷款余额达到 3 065.1 亿元，同比增长 18.3%，占总贷款余额的 4.31%。新增贷款额中，民营经济占比为 16.59%；民营企业占比为 10.83%，较上一年下降 1.99 个百分点。有贷款余额的民营企业达到 108 733 户，较一季度末增长 19.39%。对单户授信总额 1 000 万元以下的小微企业贷款余额为 1 907.68 亿元，较上一年增长 40.08%，加权平均利率为 5.62%，比上一年下降 0.3 个百分点。截至 12 月末，全省拥有融资担保公司 295 户，比上一年减少 19 户，实现担保余额 2 515.2 亿元（见表 5-10），同比增长 24.91%。民营企业贷款平均担保费率为 2.73%。全省拥有小额贷款公司 223 户，比上一年减少 27 户。全省民营上市公司达到

78 家，年度新增 4 家，其中成都市 54 家，占 69. 23%；绵阳市 6 家，占 7. 69%（见表 5-10）；总市值达到 10 012 亿元，民营企业资本市场直接融资额为 439. 89 亿元。

表 5-10　四川省融资担保公司担保余额

地区	实际在保余额/亿元
四川省（含省属机构）	2 515. 2
成都市	1 135. 3
自贡市	10. 7
攀枝花市	27. 5
泸州市	102. 2
德阳市	23. 0
绵阳市	42. 4
广元市	27. 2
遂宁市	8. 0
内江市	29. 1
乐山市	30. 8
南充市	12. 0
眉山市	14. 7
宜宾市	34. 4
广安市	7. 9
达州市	11. 3
雅安市	19. 6
巴中市	17. 9
资阳市	9. 3
阿坝藏族羌族自治州	7. 1
甘孜藏族自治州	5. 1
凉山彝族自治州	18. 5

表 5-11　四川民营上市公司情况　　单位：家

地区	上市公司	地区	上市公司
四川省	78	南充市	0
成都市	54	眉山市	3
自贡市	2	宜宾市	1
攀枝花市	1	广安市	0
泸州市	0	达州市	1
德阳市	4	雅安市	1
绵阳市	6	巴中市	0
广元市	0	资阳市	0
遂宁市	1	阿坝藏族羌族自治州	0
内江市	0	甘孜藏族自治州	0
乐山市	4	凉山彝族自治州	0

（二）财政扶持力度稳中有升

2020 年，政府采购合同授予中小微企业的金额是 1 437.08 亿元，同比增长 33.59%，占政府采购规模的 87.28%，较上一年增加 0.77 个百分点。眉山市（98.11%）、宜宾市（98.04）、阿坝藏族羌族自治州（94.28）的占比排在前三位（见表 5-12）。全年民营资本参与 PPP 项目库 147 个项目，项目参与率达到 36.39%（见表 5-13）。中小企业发展专项资金预算金额为 2.7 亿元，与上一年相同。

表 5-12　民营资本参与 PPP 项目库情况

单位名称	政府采购规模/亿元	政府采购合同授予中小微企业金额/亿元	政府采购合同授予中小微企业占比/%
四川省	1 646.52	1 437.08	87.28
雅安市财政局	33.63	30.66	91.17
绵阳市财政局	72.96	51.57	70.68
宜宾市财政局	190.40	186.66	98.04

表5-12(续)

单位名称	政府采购规模/亿元	政府采购合同授予中小微企业金额/亿元	政府采购合同授予中小微企业占比/%
甘孜藏族自治州财政局	45.86	35.18	76.71
广元市财政局	42.70	38.32	89.74
自贡市财政局	53.27	44.40	83.35
巴中市财政局	48.10	44.86	93.26
内江市财政局	56.03	45.57	81.33
南充市财政局	116.69	108.28	92.79
遂宁市财政局	44.07	38.04	86.32
成都市财政局	331.74	300.88	90.70
阿坝藏族羌族自治州财政局	40.75	38.42	94.28
凉山彝族自治州财政局	86.27	81.20	94.12
泸州市财政局	87.68	60.57	69.08
资阳市财政局	34.12	31.64	92.73
眉山市财政局	50.25	49.30	98.11
乐山市财政局	66.48	59.82	89.98
广安市财政局	29.61	27.34	92.33
攀枝花市财政局	13.37	11.91	89.08
达州市财政局	46.74	32.62	69.79
德阳市财政局	44.65	23.18	51.91

表5-13 四川省各市(州)民营资本参与PPP项目库情况

地区	PPP项目库民营资本参与项目数/个	PPP项目库执行阶段项目数/个	PPP项目库民营资本参与率/%
四川省	147	404	36.39
成都市	11	38	28.95
自贡市	4	13	30.77

表5-13(续)

地区	PPP 项目库民营资本参与项目数/个	PPP 项目库执行阶段项目数/个	PPP 项目库民营资本参与率/%
攀枝花市	4	8	50.00
泸州市	4	23	17.39
德阳市	2	7	28.57
绵阳市	4	22	18.18
广元市	14	30	46.67
遂宁市	6	13	46.15
内江市	9	14	64.29
乐山市	5	26	19.23
南充市	8	26	30.77
眉山市	6	13	46.15
宜宾市	17	47	36.17
广安市	3	14	21.43
达州市	10	16	62.50
雅安市	6	11	54.55
巴中市	22	37	59.46
资阳市	3	15	20.00
阿坝藏族羌族自治州	1	1	100.00
甘孜藏族自治州	0	0	—
凉山彝族自治州	8	30	26.67

(三)政策助力民企缓解经营压力

2020 年，全省落实阶段性减免企业社会保险费政策帮助企业减负近 650 亿元。全年共拨付稳岗补贴资金 46.96 亿元，惠及约 29.74 万户企业。通过精准电价政策、阶段性用电用气用水政策等帮助企业降低用电用气用水成本约 55 亿元。实施小微企业“战疫贷”贴息政策，落实贴息资金约 2.4 亿元。

（四）权益保护力度持续增强

2020 年，全省一审民事、刑事、行政涉民营企业立案数为 33.05 万件，涉案金额为 32 118 547.59 万元，一审民事、刑事、行政涉民营企业案件审结数 28.04 万件，审结立案比为 84.84%，比一季度末高出 24.67 个百分点。一审涉民营企业案件审结平均时长为 1.71 个月，比一季度末下降 0.72 个月。减免涉民营企业处罚案件 25 件，占涉民营企业处罚案件数的 7.5%。全省民营经济维权数为 2 505件（见表 5-14）。实施清欠民营企业账款专项治理。疫情期间帮助企业化解劳动关系问题诉求 4.3 万件。

表 5-14 四川省各市（州）一审涉民企案件情况

序号	地区	一审涉民营企业立案数/万件	一审涉民营企业立案金额/万元	减免涉民营企业处罚案件数/件	一审民事、刑事、行政涉民营企业案件审结数/万件	一审涉民营企业审结平均时长（月）
1	四川省	33.05	32 118 547.59	25	28.04	1.71
2	成都市	13.83	16 455 810.14	7	11.52	2.25
3	自贡市	0.71	675 832.49	0	0.74	1.15
4	攀枝花市	0.83	720 883.68	0	0.69	1.11
5	泸州市	1.21	721 015.63	0	0.96	0.90
6	德阳市	0.97	948 318.85	0	0.88	1.28
7	绵阳市	2.16	1 317 847.16	0	1.75	1.32
8	广元市	0.86	643 503.05	2	0.60	1.28
9	遂宁市	0.81	740 830.35	1	0.90	1.40
10	内江市	0.94	390 441.28	0	0.79	1.26
11	乐山市	1.08	954 919.63	0	1.04	1.39
12	南充市	2.13	1 730 620.86	7	1.65	1.75
13	眉山市	0.74	819 565.32	0	0.63	1.58
14	宜宾市	1.57	979 746.02	4	1.33	1.01
15	广安市	0.92	802 903.80	0	0.71	1.35

表5-14(续)

序号	地区	一审涉民营企业立案数/万件	一审涉民营企业立案金额/万元	减免涉民营企业处罚案件数/件	一审民事、刑事、行政涉民营企业案件审结数/万件	一审涉民营企业审结平均时长（月）
16	达州市	0.90	1 086 659.72	0	0.68	1.42
17	雅安市	0.78	325 312.99	4	0.79	1.11
18	巴中市	0.76	718 141.31	0	1.13	1.54
19	资阳市	0.72	816 794.71	0	0.60	1.15
20	阿坝藏族羌族自治州	0.23	189 837.97	0	0.06	1.60
21	甘孜藏族自治州	0.12	153 011.17	0	0.11	2.31
22	凉山彝族自治州	0.72	760 737.17	0	0.45	2.02

（五）党建“红色引擎”释放强劲动力

截至12月末，全省民营经济共有基层党组织17 018个，同比增长9.8%；共产党员190 284名，增速为3.64%。16 131位党建工作指导员靠前服务，在非公企业新建党组织1 866个，新发展党员3 396名。创建“两新”组织党建示范园区、楼宇172个，组建全省百强民营企业党建联盟，初步建立“两新”组织党建示范体系。

（六）民营经济信心逐渐提升

2021年1月抽样调查绵阳、宜宾、达州三市的民营企业，共收到198份有效答卷。21.03%的受访民企经营恢复到疫情前的100%及以上，31.79%的受访民企恢复到80%～100%；36.92%的受访民企用电量比上一年增加，40.51%的受访民企持平；31.79%的受访民企用工量比上一年增加，45.13%的受访民企持平；28.72%的受访民企营业收入比上一年增加，25.13%的受访民企持平。全省民营企业已基本摆脱疫情影响，恢复正常经营。

第三节 民营经济发展指数小幅上升

2020 年度，全省民营经济发展指数为 67.14，较上半年度指数上升 0.64。其中，成都市的民营经济发展指数为 83.70，排第一位，达州市（71.73）、宜宾市（71.41）分别列第二、三位。遂宁、绵阳、眉山、德阳、泸州、南充、乐山、雅安、自贡九个市的民营经济发展指数高于全省水平（见表 5-15）。

在发展主体、发展环境、发展动能、发展水平和发展绩效 5 个一级指标中，发展主体分指数排前三位的分别是成都市、宜宾市、雅安市。发展环境分指数排前三位的分别是成都市、南充市、遂宁市。发展动能分指数排前三位的分别是达州市、成都市、遂宁市。发展水平分指数排前三位的分别是成都市、宜宾市、绵阳市。发展绩效分指数排前三位的分别是成都市、绵阳市、宜宾市。

表 5-15 2020 年四川省民营经济发展指数

地区	综合排名	综合得分	发展主体	发展环境	发展动能	发展水平	发展绩效
成都市	1	83.70	85.03	79.82	76.56	80.49	96.60
达州市	2	71.73	69.25	73.82	77.90	77.19	60.47
宜宾市	3	71.41	74.16	71.07	68.93	78.25	64.65
遂宁市	4	71.18	70.01	73.93	75.79	75.68	60.49
绵阳市	5	70.66	67.43	68.02	75.07	78.11	64.69
眉山市	6	69.07	68.34	66.70	75.50	73.57	61.23
德阳市	7	68.93	69.40	66.38	71.54	73.50	63.81
泸州市	8	68.90	68.02	66.10	71.61	75.95	62.84
南充市	9	68.85	69.09	75.64	75.59	76.11	47.81
乐山市	10	68.51	67.48	69.96	67.73	74.89	62.47
雅安市	11	68.43	72.94	68.38	69.00	73.32	58.53
自贡市	12	68.18	67.49	71.20	69.33	72.98	59.88
攀枝花市	13	66.21	67.93	61.62	71.84	70.58	59.07
内江市	14	66.15	65.46	71.45	74.78	74.72	44.36

表5-15(续)

地区	综合排名	综合得分	发展主体	发展环境	发展动能	发展水平	发展绩效
广安市	15	64.50	67.82	68.20	68.82	71.92	45.73
广元市	16	63.31	66.67	66.53	67.53	72.28	43.53
资阳市	17	62.94	70.46	65.29	65.92	70.77	42.27
巴中市	18	62.78	65.51	69.97	66.26	69.37	42.82
凉山彝族自治州	19	61.57	70.54	58.93	62.54	70.86	44.97
阿坝藏族羌族自治州	20	61.18	68.24	71.45	62.92	62.65	40.64
甘孜藏族自治州	21	51.66	67.63	54.44	49.64	60.00	26.59
四川省		67.14	69.47	68.52	69.75	73.01	54.93

第四节　民营经济比较分析

增加值比较。如图5-4所示，2020年，四川省民营经济增加值增速低于重庆市、山东省，民营经济增加值占地区生产总值的比重（54.6%）低于重庆市（59%），高于山西省非公有制经济增加值占比（51.1%）。

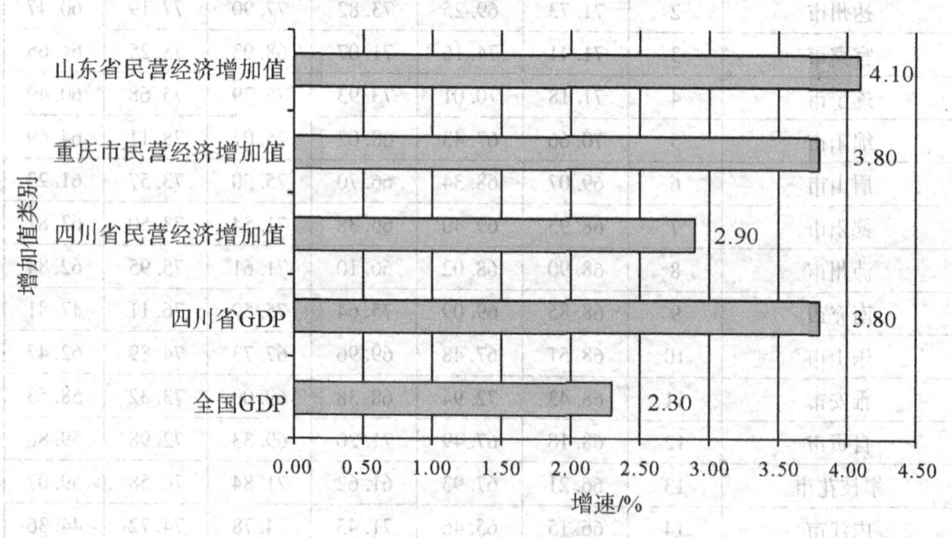

图5-4　2020年增加值增速对比

和山西省非公有制经济增加值三次产业结构相比，四川省民营经济增加值第一、第二产业占比高于山西省，第三产业占比低于山西省（见图 5-5）。

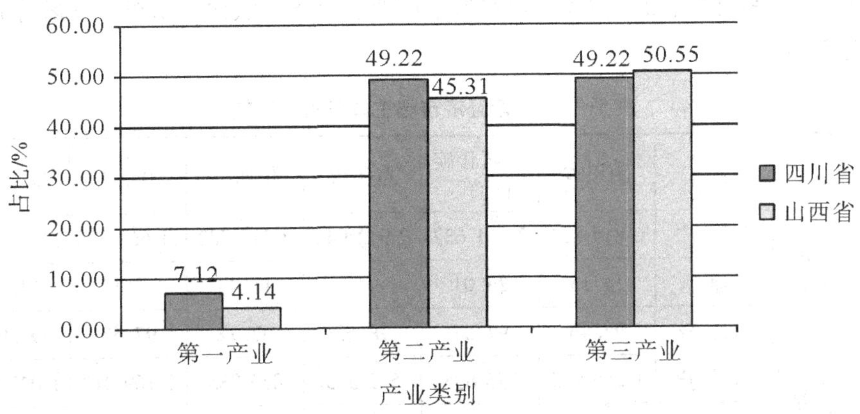

图 5-5　四川、山西民营经济三次产业占比

民间投资比较。2020 年，四川省民间投资增速高于全国、浙江省、重庆市、广西壮族自治区（见图 5-6）；民间投资占全社会投资比重（46.4%）低于浙江省（59.8%），高于广西壮族自治区（45.7%）。

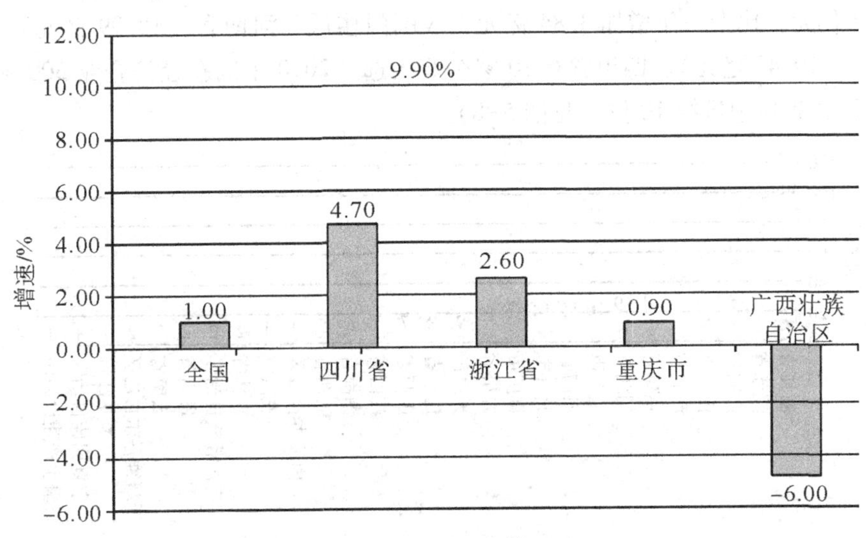

图 5-6　2020 年民间投资增速对比

市场主体比较。四川省民营经济市场主体总量和新增量均高于广西、重庆、陕西、安徽等省份，民营经济市场主体增速高于重庆市、陕西省，与山东省、安徽省相当，民营经济市场主体占比略低于广西、重庆、陕西、山东、安徽等省份（见表 5-16）。

表 5-16　民营经济市场主体各省份比较

指标		四川省	广西壮族自治区	重庆市	陕西省	山东省	安徽省
民营经济市场主体数量	总量/户	6 814 824	3 661 637	2 942 944	4 315 582	11 669 396	5 762 222
	增速/%	14. 15	24. 01	8. 87	11. 44	14. 12	14. 53
	占比/%	97. 46	97. 57	98. 53	97. 72	97. 63	97. 92
新增民营经济市场主体数量	总量/户	1 265 905	875 898	502 375	855 085	2 169 012	1 027 896
	占比/%	98. 21	98. 83	99. 29	98. 62	98. 17	98. 49

2020 年，四川省民企入围“中国民营企业 500 强”的有 12 家，排全国第 12 位，与重庆市（12 家）持平，低于河北省（32 家）、湖北省（19 家）、河南省（15 家）（见图 5-7）。2020 年，四川省民营企业 100 强入围门槛为年营业收入 17. 15 亿元，比上一年增加 3. 84 亿元，入围门槛低于河南省（18. 99 亿元）、浙江省（119. 43 亿元）。四川省有 10 家企业入选“2020 中国新经济企业 500 强”，在全国各省份中排第 10 位（见图 5-8）。

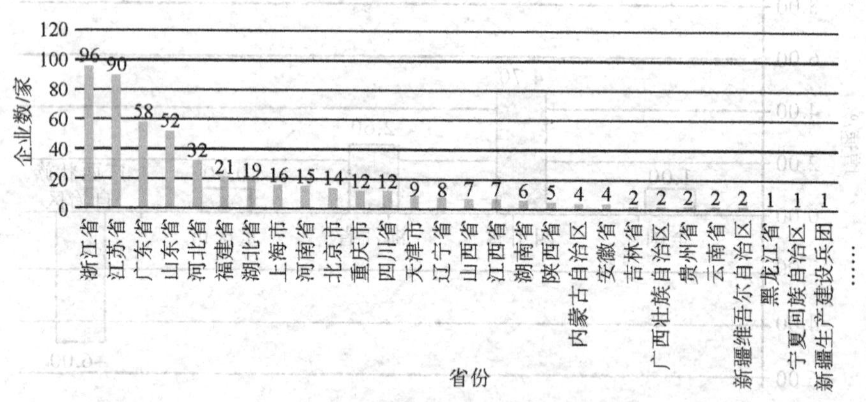

图 5-7　中国民营企业 500 强家数对比

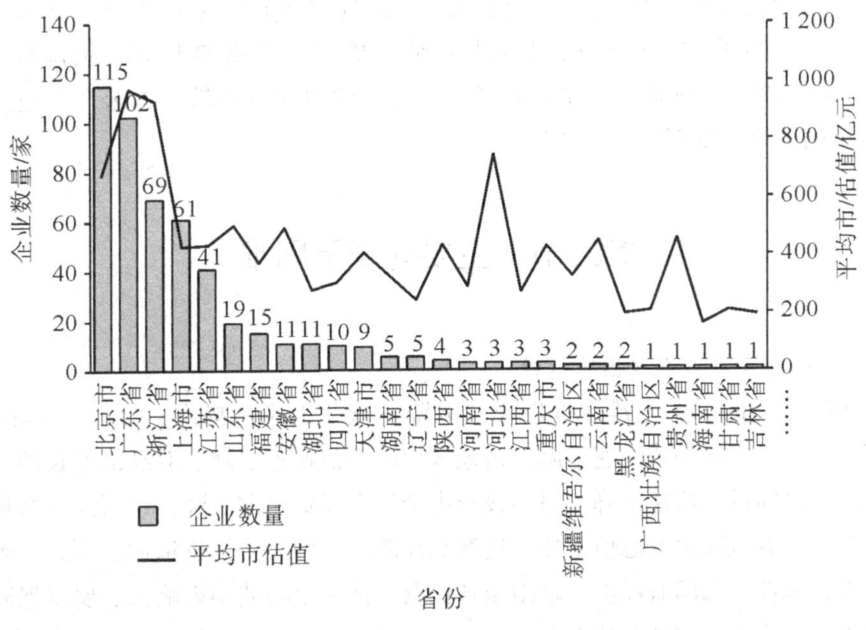

图 5-8　2020 年中国新经济企业 500 强分布

外贸比较。2020 年，四川省民营企业进口增速（7.7%）低于浙江省（18.3%）、广西壮族自治区（12.3%），占全省进口总额的比重（15.65%）远低于浙江省（57.3%）。四川省民营企业出口增速（13.1%）高于浙江省（12.3%）、广西壮族自治区（5.6%），占全省出口总额的比重（28.18%）远低于浙江省（82.1%）（见图 5-9）。

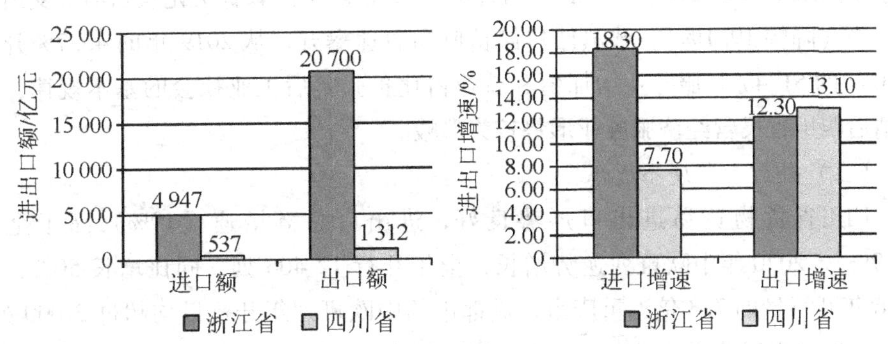

图 5-9　四川、浙江民营企业进出口额和增速

县域经济比较。2020 年，四川省无县市入选“赛迪顾问 2020 中国县域经济百强榜单”，江苏省、浙江省、山东省分别占 25 席、18 席和 15 席，河南省、湖北省各占 7 席，湖南省占 4 席，安徽占 3 席。四川仅有西昌市入选“赛迪顾问 2020 中国营商环境百强县榜单”。

第五节　主要问题及困难

（一）民营经济表现出脆弱性

2020 年，四川省民营经济出现“五降一低”的不利局面。与上一年相比，四川省民营经济增加值增速下降、占地区生产总值比重下降、对经济增长的贡献率下降、民间投资增速下降、民间投资占全社会投资比重下降，民营经济增加值增速低于全省地区生产总值增速。这客观反映出民营经济受疫情冲击更大，脆弱性更大，韧性不如国有经济。这与全省民营经济受市场波动影响大、要素保障能力较差、供应链稳定性较差有关。

（二）服务业发展形势严峻

2020 年，四川省民营经济第三产业增加值增速低于第二产业和第一产业。和上一年相比，第一产业增加值占比上升 1 个百分点，第二产业占比上升 5. 9 个百分点，第三产业占比下降 6. 9 个百分点。这说明，疫情对全省服务业的影响较大，这与疫情期间消费力不足有关。2020 年，四川居民人均消费支出 19 783 元，低于全国水平（21 210 元），居全国省市第 13 位。全国教育文化娱乐消费支出大幅下降（降幅 19. 1%）。城镇储户储蓄倾向急速攀升，从 2019 年的 45. 7%升至 2020 年的 51. 4%。服务业增加值和就业占比扩张是后工业社会的基本规律，而疫情后四川省民营经济服务业形势较为严峻。

（三）外贸参与度不理想

四川省货物贸易进出口形势良好，进出口总额增速（19%）高于全国（1. 9%）。2020 年中欧班列逆势增长，全年开行 12 406 列，同比增长 50%，是 2016 年开行量的 7. 3 倍，重庆市、成都市的中欧班列年开行量均超过 2 000 列。然而，四川省民营企业进出口占比（22. 87%）低于全国（46. 6%），民营企业进出口增速（13. 13%）低于全省进出口总额增速（19%）。这说明，四川省外向型民营经济比较薄弱，外贸参与度有待提高。这与民营经济产业结构偏向农业、建筑业、服务业等行业，出口导向的制造业缺乏竞争力有关。

（四）产业转型升级压力大

四川省民营经济面临推进供给侧结构性改革、做好“六稳”“六保”生力军、推动高质量发展、参与现代经济体系的多重转型升级。产能过剩与有效供给不足同时存在，在经济下行格局中又逢疫情冲击，市场需求和要素保障面临诸多不利局面，技术进步、优化重组、改革创新的难度进一步加大。调查显示，54.31%的民企认为资金紧张、周转困难，26.9%的民企申请了贷款但没有成功。劳动力、原材料、土地厂房等要素价格上涨，中小微企业贷款利率、担保费率较高等因素，都制约了民营企业技术创新和产业转型升级的能力。

第六节　对策建议

（一）对接国家发展战略，拓展民企外贸新途径

把握中欧班列对“一带一路”共建国家外贸的带动作用和中国（四川）自由贸易试验区建设机遇，完善外贸促进政策，切实做好稳外贸稳外资工作，稳住外贸主体，稳住产业链供应链，发展加工贸易产业园区，加大对劳动密集型企业支持力度，完善产业转移对接机制，承接加工贸易梯度转移，拓展对外贸易线上渠道，提升通关便利化水平，为外贸企业融资提供增信支持，引导民营企业主动融入“一带一路”倡议，切实强化外循环。

（二）拓展消费新空间，培育民营经济新的增长点

加强需求侧管理，主动融入成渝大市场，提振消费，强化内循环，融入新发展格局。借力成渝地区双城经济圈建设，建设区域消费中心城市，提升消费能级。在常态化疫情防控下，线上购物、直播带货、在线诊疗、在线教育等新型消费逆势上扬。建议持续推进新消费场景建设，发展“数字经济”“夜间经济”“赛事经济”“宅经济”等新消费业态，拓展信息化消费服务，培育共享经济、平台经济等新消费模式。

（三）深耕县域营商环境，推动县域民营经济上新台阶

民营经济是县域经济的主战场，优化县域营商环境是民营经济发展的先手

棋，营商环境好了才会吸引投资，才会实现产业发展。建议在实施县域经济强县强区强镇培育方案中，把支持民营经济发展作为发展县域经济的重要抓手和突破口，切实优化全省县域营商环境。参考赛迪顾问的指标体系，着力提升服务效能、激发企业活力、强化要素吸引、推进基础设施领先、构建生态友好社会。

（四）助力数字化转型，催生新经济新业态新模式

“2020中国新经济企业500强”中民营企业上榜数量达到426家，前50强占据40席，说明民营企业是新经济发展主力军。借力“国家数字经济创新发展试验区（四川）”建设，大力培育科技创新型民营企业，强化民营经济数字产业化和产业数字化，积极促进民营企业数字化转型。通过数字化、网络化、智能化，提升民营企业经营能力。推进民营企业雁阵培育系列计划，催生新经济新业态新模式；着力培育集成电路与新型显示、新一代网络技术、大数据、软件与信息服务、人工智能、区块链等领域的新经济独角兽。

（五）提升政策落实精准度，强化纾困帮扶新举措

民营经济受疫情的冲击更大，恢复更慢。31.98%的受访民营企业表示没有从省市缓解企业生产经营困难政策措施中获得实惠。建议适当延续有关民营经济的纾困政策。做好疫情相关帮扶政策的效果评估，完善民营经济帮扶政策体系，政策举措靶向更为精准。有效打通政策落实“最后一公里”，增进政策普惠性。拓宽中小微企业融资渠道，推动融资成本持续下行。持续向社会资本推介重点领域项目，激发全社会投资活力。

（六）推进重点领域改革，夯实民营经济发展基础

全面实施“民营企业雁阵培育五年行动计划”和“民营企业家人才培养计划”，培育壮大市场主体、集聚提升管理人才，加快形成一批具有引领作用的行业领军企业，力争尽早实现世界500强“零的突破”。推进成渝地区双城经济圈民营经济协同发展示范区建设，积极争创全国民营经济示范城市，探索建立民营经济发展专项资金。开展“万人进万企 党建促发展”活动，持续推进“两个覆盖”，推动省级层面优化营商环境条例出台，夯实民营经济发展基础。

第六章　四川省营商环境

第一节　四川省营商环境现状

根据武汉大学经济与管理学院张三保副教授、北京大学光华管理学院张志学教授等共同研究完成的《中国省份营商环境研究报告2020》①，全国各省级行政区营商环境指数北京排第一、上海排第二，其余排名前十的省份依次是广东、四川、江苏、重庆、浙江、安徽、山东和贵州。市场环境指数列前五名的省份是北京、广东、上海、江苏、浙江。政务环境指数列前五名的省份是上海、贵州、北京、四川、广东。法律政策环境指数列前五名的省份是上海、安徽、北京、四川、云南。人文环境指数列前五名的省份是上海、浙江、北京、广东、江苏（见表6-1）。

表6-1　中国省份营商环境排行

省份	营商环境		市场环境		政务环境		法律政策环境		人文环境	
	总序	总分	排序	得分	排序	得分	排序	得分	排序	得分
北京市	1	78.23	1	80.03	3	66.92	3	89.68	3	78.7
上海市	2	76.95	3	53.9	1	77.22	1	95.9	1	88.02
广东省	3	68.69	2	56.61	5	64.63	7	82.99	4	77.71
四川省	4	67.53	6	48.41	4	64.89	4	87.85	7	69.18
江苏省	5	63.20	4	53.58	13	53.62	8	81.89	5	70.93
重庆市	6	60.95	16	38.38	7	61.28	9	79.97	8	68.58

① 该报告受到国家自然科学基金重点项目（71632002）和面上项目（72072137）的资助。

表6-1(续)

省份	营商环境		市场环境		政务环境		法律政策环境		人文环境	
	总序	总分	排序	得分	排序	得分	排序	得分	排序	得分
浙江省	7	60.68	5	49.21	6	61.84	18	66.49	2	80.73
安徽省	8	59.27	12	40.38	26	44.11	2	93.88	12	61.48
山东省	9	59.26	7	44.73	14	53.47	10	79.29	15	59.35
贵州省	10	58.11	28	31.66	2	70.30	15	69.38	21	50.57
河南省	11	57.15	8	43.77	12	55.53	14	70.47	11	62.11
海南省	12	55.27	13	39.03	15	53.28	13	74.45	24	43.39
江西省	13	54.54	18	38.09	21	47.60	12	76.66	14	60.78
福建省	14	54.36	14	38.49	18	51.69	16	69.37	6	70.23
云南省	15	54.13	30	28.69	20	50.13	5	85.35	28	34.62
河北省	16	53.93	17	38.33	11	56.88	17	67.44	25	37.91
湖北省	17	53.17	15	38.45	9	58.98	22	57.80	10	65.48
天津市	18	51.76	22	35.76	25	44.62	11	78.51	29	29.18
宁夏回族自治区	19	51.73	27	32.67	29	40.80	6	83.22	23	44.01
吉林省	20	51.21	9	41.66	17	52.08	20	58.35	17	54.62
黑龙江省	21	47.98	19	37.36	27	43.05	19	62.81	19	51.76
辽宁省	22	47.43	10	41.60	23	46.40	27	50.74	9	66.72
山西省	23	46.74	21	36.49	24	45.89	24	55.79	18	54.57
陕西省	24	46.27	23	35.30	22	46.89	25	54.80	20	50.94
内蒙古自治区	25	44.97	26	32.73	19	51.56	26	51.14	30	29.15
湖南省	26	44.95	11	40.77	10	58.58	30	30.18	13	61.09
新疆维吾尔自治区	27	43.19	29	30.24	28	42.04	23	57.80	27	34.83
青海省	28	43.05	31	17.87	16	52.92	21	57.86	31	23.53
甘肃省	29	41.22	25	33.26	8	59.67	31	24.58	16	55.58
广西壮族自治区	30	37.92	20	36.58	30	36.54	29	38.78	22	49.59
西藏自治区	31	35.78	24	34.08	31	32.63	28	41.07	26	35.29

数据来源：张三保、张志学《中国省份营商环境研究报告 2020》。

根据《中国省份营商环境研究报告 2020》，四川省营商环境指数为 67.53，全国排名第 4 位，远高于其当年人均地区生产总值在全国的排名（第 19 位）。四川省四个子环境排名由高到低依次为：政务环境（第 4）、法律政策环境（第 4）、市场环境（第 6）、人文环境（第 7）（见图 6-1）。四川营商环境指数在西南五省份中排第 1 位（见图 6-3），在西部 12 省份中排第 1 位（见图 6-4），在长江经济带 11 省份中排第 2 位（见图 6-5）。重庆营商环境指数为 60.95，全国排名第 6，高于其同年人均地区生产总值排名（第 9）。重庆营商环境四个子环境排名由高到低依次为：政务环境（第 7）、人文环境（第 8）、法律环境（第 9）、市场环境（第 16）（见图 6-2）。

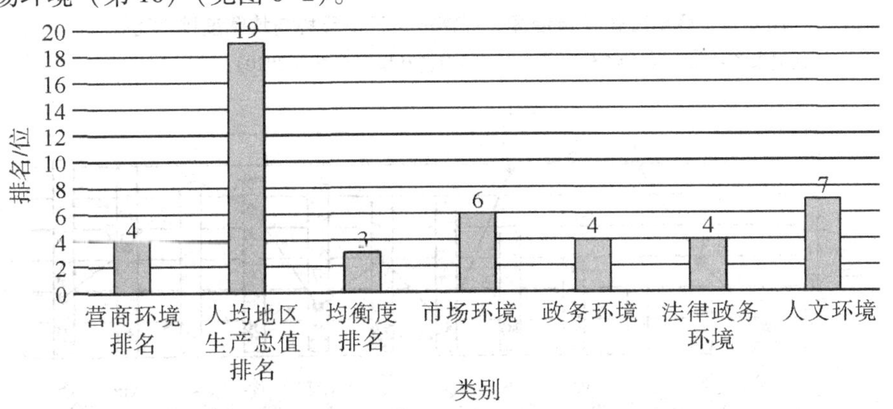

图 6-1 四川省营商环境全国排名

数据来源：张三保、张志学《中国省份营商环境研究报告 2020》。

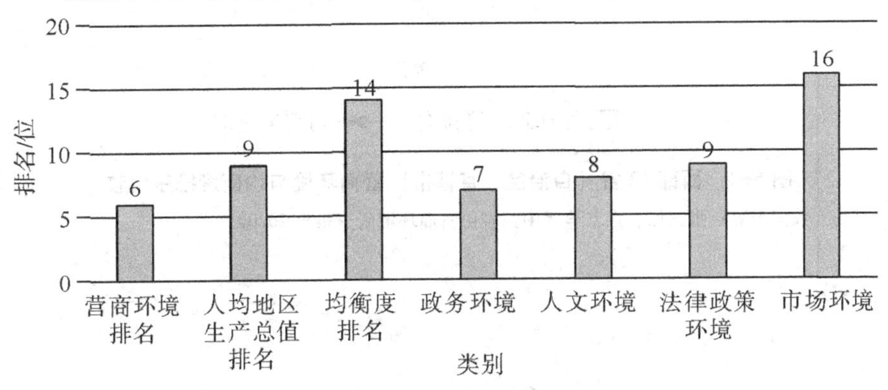

图 6-2 重庆市营商环境全国排名

数据来源：张三保、张志学《中国省份营商环境研究报告 2020》。

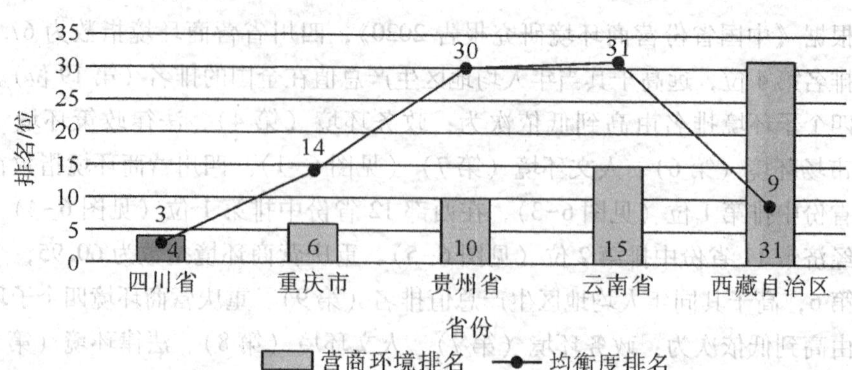

图 6-3　西南五省（自治区、直辖市）营商环境与均衡度排序比较

数据来源：张三保、张志学《中国省份营商环境研究报告 2020》。

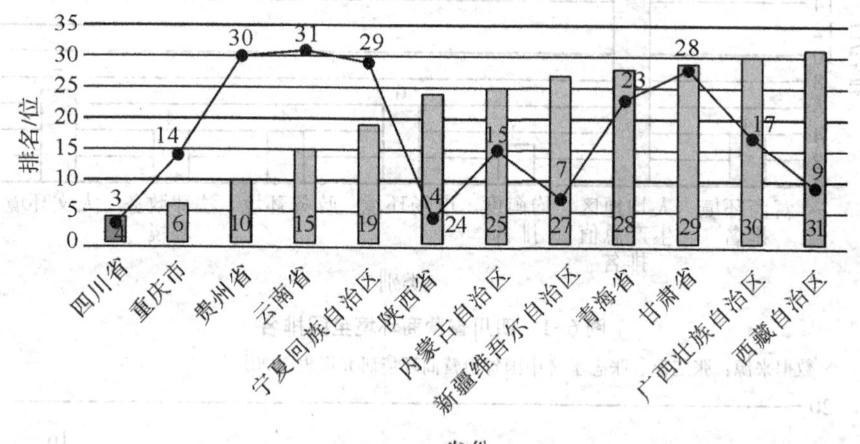

图 6-4　西部 12 省（自治区、直辖市）营商环境与均衡度排序比较

数据来源：张三保、张志学《中国省份营商环境研究报告 2020》。

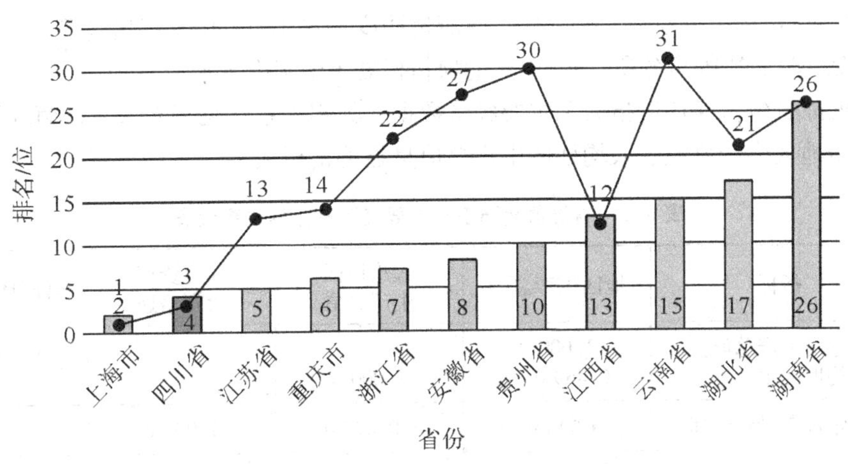

图 6-5　长江经济带 11 省（直辖市）营商环境与均衡度排序比较

数据来源：张三保、张志学《中国省份营商环境研究报告 2020》。

在四川省营商环境二级评价指标中，社会信用（第 3）、市场中介（第 4）、政府效率（第 4）、政策透明（第 5）、司法公正（第 5）、融资（第 10）、政企关系（第 10）、政府廉洁（第 10）八项指标位列全国前十，创新（第 11）、对外开放（第 13）、竞争公平（第 14）和资源获取（第 16）四项指标排名全国中上。

在重庆市营商环境二级评价指标中，司法公正（第 5）、政府效率（第 6）、资源获取（第 6）、对外开放（第 7）、融资（第 7）、政企关系（第 8）、社会信用（第 9）七项指标都位列全国前十。

在四川省营商环境三级指标评价中，律师事务所（第 2）、商业机构用信意识（第 3）、电子政务水平（第 4）、会计师事务所、政府透明度、司法质量（均列第 5）、信用市场建设（第 6）、研发产出（第 7）、租赁及商业服务业企业（第 7）、创业活力（第 8）、外资企业比（第 8）、交通服务（第 9）、融资水平、大学及科研机构数量、政府关怀、廉洁指数（均列第 10）16 项指标居于全国前十，人力资本聚集（第 12）、研发投入（第 13）、贸易依存度（第 13）、地价（第 20）、对外投资度（第 20）五项指标居于全国中游。

在重庆市营商环境三级指标评价中，对外投资度（第 3）、商业资本用信意识（第 3）、人力资本聚集（第 5）、交通服务（第 5）、司法质量（第 5）、电子政务水平（第 6）、政府规模（第 7）、融资水平（第 7）、政府关怀（第 8）、贸易依存度（第 9）十项指标居全国前十，研发投入（第 11）、非国有经济比重

（第12）、信用市场建设（第13）、政府透明度（第16）、研发产出（第17）、地价（第18）、律师事务所（第19）七项指标处于全国中等水平。

匹配省份营商环境指数和主要经济数据，其相关系数见表6-2。营商环境和各省份地区生产总值、人均地区生产总值呈显著正相关。

表6-2 省份营商环境与主要经济指标相关系数表

指标	地区生产总值	人均地区生产总值	固定资产投资增速	营商环境
地区生产总值	1.000 0			
人均地区生产总值	0.459 0***	1.000 0		
固定资产投资增速	0.320 9*	-0.077 0	1.000 0	
营商环境	0.539 3***	0.662 3***	0.173 4	1.000 0

注：***、*分别表示在1%、10%显著性水平上显著。

根据相关数据做省份营商环境与主要经济指标的线性拟合图。图6-6显示，营商环境与地区生产总值呈正相关，营商环境指数可以解释地区生产总值的29.1%的变化。图6-7显示，营商环境与人均地区生产总值呈正相关，营商环境指数可以解释人均地区生产总值的43.9%的变化。图6-8显示，营商环境与省份固定资产投资增速呈微弱正相关，营商环境指数可以解释省市固定资产投资增速的3%的变化。

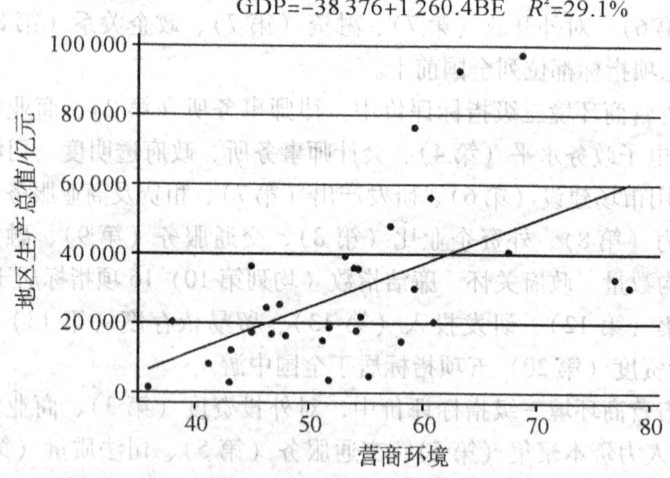

图6-6 营商环境与地区生产总值

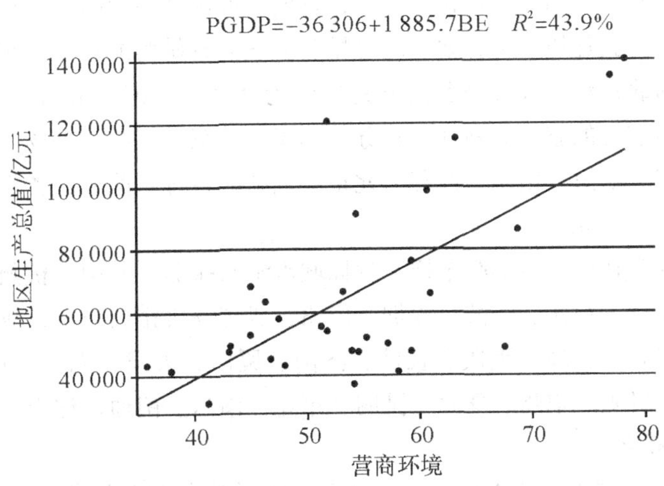

图 6-7　营商环境与人均地区生产总值

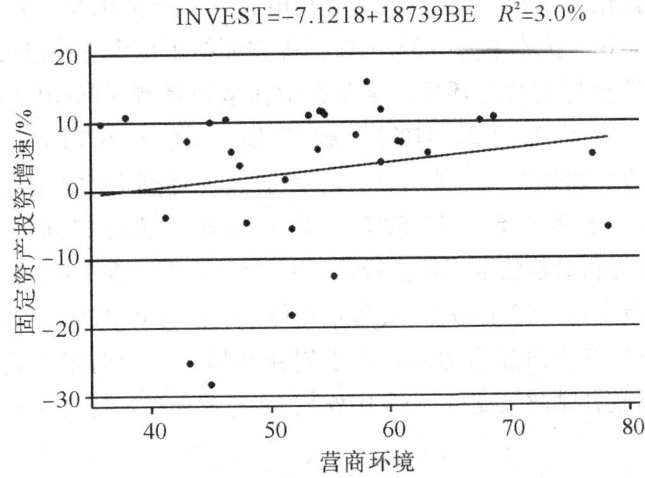

图 6-8　营商环境与省市固定资产投资增速

2020 年，中华全国工商业联合会（以下简称“全国工商联”）开展了“万家民营企业评营商环境”工作。此次调查参与的大中小微民营企业共 50 625 家，共收回有效问卷 40 216 份，有效数据 1 200 多万个。全国工商联 2020 年“万家民营企业评营商环境”结果如下：浙江、广东、江苏、上海、北京、山东、四川、福建、河北、湖南等省份位居前十，营商环境区域差异明显，东部沿海地区优势突出。从五大环境来看，要素环境排名前五的省份为浙江、广东、西藏自治区、上海、河北；法治环境排名前五的省份为浙江、上海、山东、江西、北京；政务环境排名前五的省份为浙江、江苏、福建、山东、上海；市场环境排名前五的省份为浙江、上海、山东、江苏、北京；创新环境排名前五的省份为浙江、江苏、上海、四川、北京。

包括直辖市在内共有100个样本达标城市参与排名。其中，杭州、上海、苏州、南京、北京、温州、宁波、深圳、广州、成都等市排名前十，成都是中西部城市的唯一代表。青岛、重庆、长沙、济南、厦门、天津、无锡、郑州、西安、武汉、合肥、贵阳、福州、珠海、昆明、东莞、南昌、南通、沈阳、石家庄等市位居第11—30名。

2020年，全国工商联指出，民营企业希望政府部门帮助优先解决三方面问题：政策落实（31.39%）、城市基础设施（26.57%）和人才引进（24.73%）。关于要素环境优化，企业希望政府优先在用电成本下降（41.64%）、融资成本下降（37.68%）、用工成本下降（35.92%）等方面提供更多支持以缓解企业经营压力。关于营造更好的政务环境，企业希望在减税降费（46.01%）、网络办事（37.05%）、政策落实（27.41%）、政策稳定性（26.74%）、政务诚信（26.51%）等方面加强工作。关于法治化营商环境，企业最主要的三项期待是建设企业维权统一服务平台（47.59%）、建立法律机关部门间涉企协调机制（38.90%）、督促行政执法部门依法行政（37.85%）等。在市场环境方面，企业希望在产业政策支持（53.80%）、完善信用体系建设（40.12%）、降低市场准入门槛（34.80%）等方面加强力度。关于创新环境，企业期望在高端人才引进（42.80%）、财政补贴政策支持（32.07%）、高等教育资源投入（31.47%）等方面持续改善。

2020年12月21日，粤港澳大湾区研究院、21世纪经济研究院联合发布《2020年中国296个地级及以上城市营商环境报告》。其评价指标包括六个维度，即软环境、基础设施、社会服务、市场总量、商务成本和生态环境。深圳、上海、北京、广州、重庆、成都、杭州、南京、长沙、武汉等市位居前十。全国主要城市的营商环境指数详见表6-3。

表 6-3 全国主要城市的营商环境指数

城市	营商环境指数	城市	营商环境指数
深圳市	0. 606 4	合肥市	0. 346 0
上海市	0. 606 2	福州市	0. 345 3
北京市	0. 600 6	大连市	0. 341 3
广州市	0. 552 0	南宁市	0. 337 0
重庆市	0. 516 8	南昌市	0. 332 3
成都市	0. 489 6	海口市	0. 325 2
杭州市	0. 471 8	济南市	0. 317 5
南京市	0. 432 0	沈阳市	0. 308 3
长沙市	0. 422 5	太原市	0. 305 5
武汉市	0. 420 5	银川市	0. 304 3
西安市	0. 401 6	拉萨市	0. 299 4
宁波市	0. 398 6	石家庄市	0. 287 9
厦门市	0. 397 0	长春市	0. 283 9
青岛市	0. 385 9	乌鲁木齐市	0. 283 2
郑州市	0. 359 2	兰州市	0. 282 1
天津市	0. 352 2	哈尔滨市	0. 281 2
昆明市	0. 350 0	西宁市	0. 274 4
贵阳市	0. 348 5	呼和浩特市	0. 262 4

数据来源：粤港澳大湾区研究院、21 世纪经济研究院《2020 年中国 296 个地级及以上城市营商环境报告》。

其中，软环境指数有人才吸引力、投资吸引力、创新活跃度和市场监管四个大类，深圳、厦门、杭州、西安、北京、成都、广州、珠海、武汉、南京等市居软环境指数排名前十。基础设施有九个指标，分别是路网密度、互联网水平、公路货运、水路货运、民航运输、供气、供水、地铁长度、出租车数量，上海、北京、广州、重庆、武汉、深圳、天津、成都、南京、杭州等市居基础设施指数排名前十。社会服务测算了融资、科技、医疗、养老、教育、人才和研发服务共7个指标，北京、上海、深圳、广州、成都、重庆、杭州、武汉、郑州、西安居社会服务测算指标排名前十。市场总量指数用常住人口、地区生产总值、社会消费品零售总额、一般预算收入、进出口额、贷款额、人均可支配收入七个指标计算，上海、北京、深圳、广州、重庆、杭州、苏州、成都、天津、宁波等市位居市场总量指数排名前十。以每千人的市场主体数反映市场活跃度，深圳、西安、珠海、苏州、三亚、海口、金华、拉萨、莆田、南京等市位居全国前十。

匹配全国主要城市营商环境及其主要经济指标，其相关系数详见表6-4，营商环境与城市地区生产总值、人均地区生产总值和固定资产投资增速都显著正相关。

表6-4　主要城市营商环境指数与主要经济指标相关系数表

指标	地区生产总值	人均地区生产总值	固定资产投资增速	营商环境指数
地区生产总值	1.000 0			
人均地区生产总值	0.516 7***	1.000 0		
固定资产投资	0.298 8*	0.476 3***	1.000 0	
营商环境指数	0.936 8***	0.616 4***	0.318 0*	1.000 0

注：***、*分别表示在1%、10%显著性水平上显著。

图6-9显示，营商环境与城市地区生产总值呈正相关，营商环境指数可以解释城市地区生产总值的87.8%的变化。图6-10显示，营商环境与城市人均地区生产总值呈正相关，营商环境指数可以解释城市人均地区生产总值的38%的变化。图6-11显示，营商环境与城市固定资产投资增速呈正相关，营商环境指数可以解释城市固定资产投资增速的10.1%的变化。

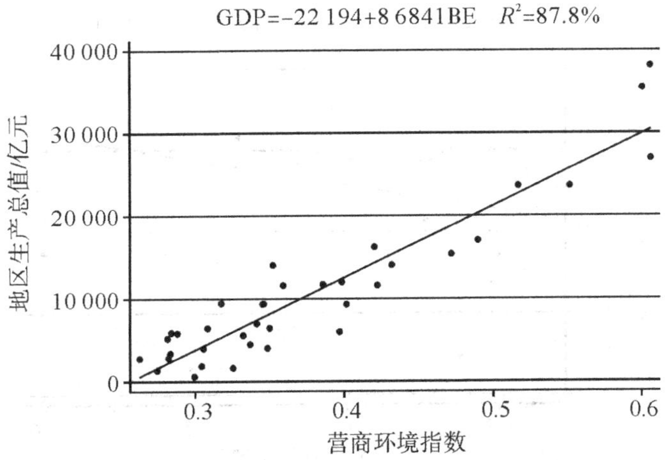

图 6-9 营商环境指数与城市地区生产总值

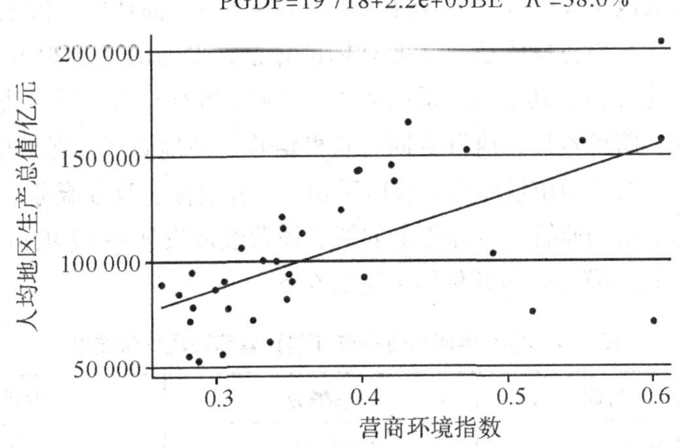

图 6-10 营商环境指数与城市人均地区生产总值

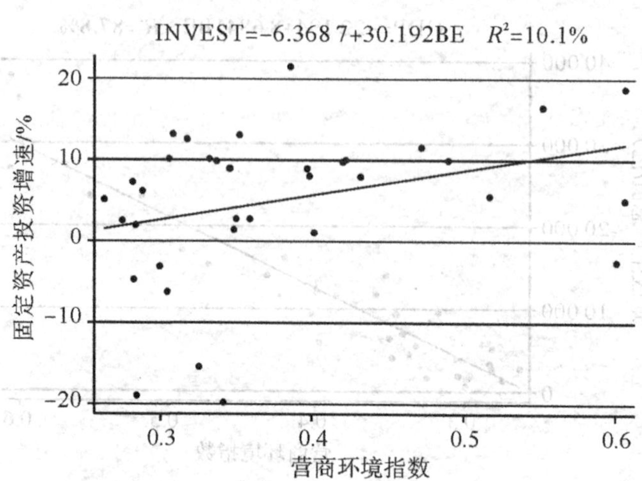

图 6-11　营商环境指数与城市固定资产投资增速

四川省发展改革委联合第三方机构开展了四川省营商环境评价工作，构建了四川特色的营商环境指标体系，高度对标世界银行发布的《2020 年全球营商环境报告》的指标体系。其指标体系包括开办企业、办理建筑许可、获得电力、登记财产、纳税、跨境贸易、执行合同、获得信贷、办理破产、保护中小投资者、获得用水用气、劳动力市场监管、政府采购、招标投标、政务服务、知识产权创造保护与运用、市场监管、包容普惠创新、民营经济发展共 19 项指标。2019 年四川省各市（州）营商环境评价结果见表 6-5。

表 6-5　2019 年四川省各市（州）营商环境评价结果

市（州）名称	总得分	省排名
成都市	86.71	1
绵阳市	76.83	2
德阳市	73.52	3
乐山市	73.05	4
宜宾市	71.79	5
遂宁市	71.26	6
自贡市	70.76	7

表6-5(续)

市（州）名称	总得分	省排名
南充市	69.81	8
雅安市	69.27	9
巴中市	69.13	10
内江市	68.94	11
泸州市	68.84	12
广安市	68.29	13
眉山市	68.03	14
广元市	67.89	15
达州市	66.75	16
攀枝花市	66.56	17
资阳市	66.44	18
阿坝藏族羌族自治州	64.80	19
甘孜藏族自治州	62.76	20
凉山彝族自治州	61.60	21

将四川省 21 个市（州）的营商环境指数（2019 年）与主要增加值指标（2020 年）相匹配（见表 6-6）。

表 6-6 四川省各市（州）营商环境与地区生产总值指标

市（州）名称	营商环境	地区生产总值/亿元	人均地区生产总值/元	地区生产总值增速/%	民营经济增加值/亿元	人均民营经济增加值/元	民营经济增加值增速/%
成都市	86.71	17 716.7	106 849	4.0	8 902.78	53 693	3.1
自贡市	70.76	1 458.44	49 912	3.9	811.33	27 766	3.0
攀枝花市	66.56	1 040.82	85 735	3.9	557.29	45 905	2.9
泸州市	68.84	2 157.20	49 831	4.2	1 229.15	28 393	3.5
德阳市	73.52	2 404.10	67 512	2.5	1 377.93	38 695	1.7
绵阳市	76.83	3 010.08	61 720	4.4	1 822.17	37 363	3.1

表6-6(续)

市（州）名称	营商环境	地区生产总值/亿元	人均地区生产总值/元	地区生产总值增速/%	民营经济增加值/亿元	人均民营经济增加值/元	民营经济增加值增速/%
广元市	67.89	1 008.01	37 683	4.2	554.14	20 716	3.6
遂宁市	71.26	1 403.18	44 001	4.3	851.02	26 686	3.4
内江市	68.94	1 465.88	39 618	3.9	878.74	23 750	2.9
乐山市	73.05	2 003.40	61 247	4.1	1 121.84	34 297	3.3
南充市	69.81	2 401.08	37 313	3.8	1 417.84	22 033	2.8
眉山市	68.03	1 423.74	47 537	4.2	802.48	26 794	3.2
宜宾市	71.79	2 802.12	61 275	4.6	1 637.27	35 803	3.9
广安市	68.29	1 301.60	40 037	3.6	729.73	22 446	2.5
达州市	66.75	2 118.00	36 893	4.1	1 270.46	22 130	3.5
雅安市	69.27	754.59	48 968	4.4	443.38	28 772	3.9
巴中市	69.13	766.99	23 109	2.5	444.87	13 404	1.7
资阳市	66.44	830.00	33 160	4.0	450.59	18 002	3.0
阿坝藏族羌族自治州	64.80	411.75	43 525	3.3	185.32	19 590	2.6
甘孜藏族自治州	62.76	410.61	34 246	3.6	183.47	15 302	1.1
凉山彝族自治州	61.60	1 733.15	35 169	3.9	861.13	17 474	2.9

四川省各市（州）营商环境与增加值指标相关系数见表6-7，市（州）营商环境与地区生产总值、人均地区生产总值、民营经济增加值、人均民营经济增加值呈显著正相关。

表6-7　四川省各市（州）营商环境与增加值指标相关系数

指标	地区生产总值	人均地区生产总值	民营经济增加值	人均民营经济增加值	营商环境
地区生产总值	1.000				
人均地区生产总值	0.722***	1.000			

表6-7(续)

指标	地区生产总值	人均地区生产总值	民营经济增加值	人均民营经济增加值	营商环境
民营经济增加值	0.999***	0.725***	1.000		
人均民营经济增加值	0.657***	0.977***	0.669***	1.000	
营商环境	0.817***	0.728***	0.835***	0.761***	1.000

注：***、* 分别表示在1%、10%显著性水平上显著。

根据相关数据做四川省市（州）营商环境与增加值指标的线性拟合图。图6-12显示，市（州）营商环境与地区生产总值呈正相关，营商环境指数可以解释市（州）地区生产总值的66.7%的变化。图6-13显示，市（州）营商环境与人均地区生产总值呈正相关，营商环境指数可以解释市（州）地区生产总值的52.9%的变化。图6-14显示，市（州）营商环境与民营经济增加值呈正相关，营商环境指数可以解释市（州）民营经济增加值的69.7%的变化。图6-15显示，市（州）营商环境与人均民营经济增加值呈正相关，营商环境指数可以解释市（州）人均民营经济增加值的58%的变化。

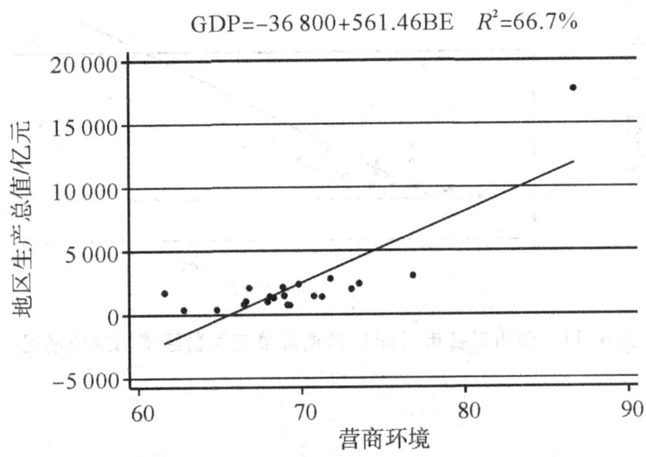

图6-12　四川省各市（州）营商环境与地区生产总值情况

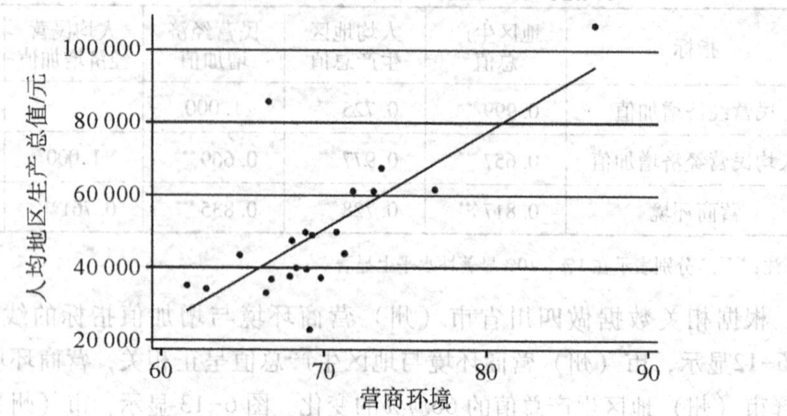

图 6-13 四川省各市（州）营商环境与人均地区生产总值情况

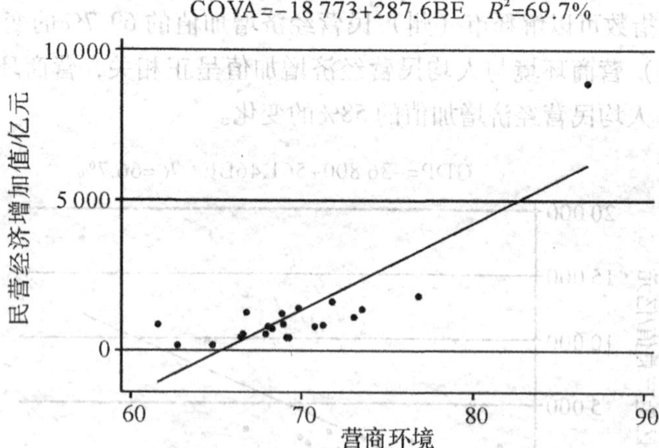

图 6-14 四川省各市（州）营商环境与民营经济增加值情况

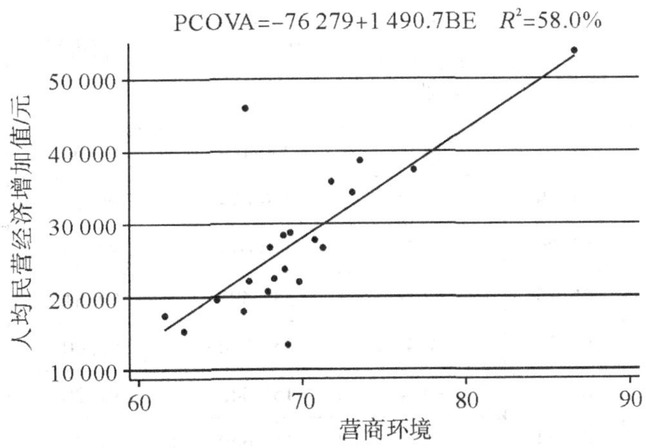

图 6-15　四川省各市（州）营商环境与人均民营经济增加值情况

将四川省 21 个市（州）的营商环境指数（2019 年）与民营经济市场主体数据（2020 年）相匹配的结果见表 6-8。

表 6-8　四川省营商环境与民间投资、民营经济市场主体

市（州）名称	营商环境	民间投资增速/%	民营市场主体总量/户	民营市场主体占比/%	民营市场主体增速/%
成都市	86.71	-4.1	2 841 949	97.37	16.47
自贡市	70.76	5.4	159 288	97.15	11.48
攀枝花市	66.56	17.5	104 688	97.48	12.21
泸州市	68.84	0.8	303 273	97.22	11.23
德阳市	73.52	-1.5	220 992	97.02	13.46
绵阳市	76.83	3.8	365 261	97.72	9.95
广元市	67.89	5.4	168 159	97.01	10.50
遂宁市	71.26	17.3	158 654	98.11	14.12
内江市	68.94	13.1	168 231	97.86	8.71
乐山市	73.05	1.7	189 333	97.45	11.17
南充市	69.81	24.0	317 369	97.87	12.17

表6-8(续)

市（州）名称	营商环境	民间投资增速/%	民营市场主体总量/户	民营市场主体占比/%	民营市场主体增速/%
眉山市	68.03	14.5	200 109	97.96	11.94
宜宾市	71.79	-0.2	359 674	98.10	17.92
广安市	68.29	2.2	190 077	97.76	11.46
达州市	66.75	22.6	241 499	97.81	12.84
雅安市	69.27	4.4	159 010	98.00	17.69
巴中市	69.13	-1.4	156 548	97.26	9.08
资阳市	66.44	3.2	118 649	97.31	15.22
阿坝藏族羌族自治州	64.80	13.9	63 593	97.22	12.92
甘孜藏族自治州	62.76	9.0	67 850	97.04	12.24
凉山彝族自治州	61.60	9.0	258 612	97.99	14.21

四川省各市（州）营商环境与民营经济市场主体的相关系数见表6-9，四川省各市（州）营商环境与民营经济市场主体总数呈显著正相关。

表6-9 四川省市（州）营商环境与民营经济市场主体相关系数

指标	民营市场主体总数	民营市场主体占比	民营市场主体增速	营商环境
民营经济市场主体数	1.000			
民营经济市场主体占比	-0.049	1.000		
民营经济市场主体增速	0.347	0.313	1.000	
营商环境	0.786***	-0.018 0	0.181	1.000

根据相关数据做四川省市（州）营商环境与民营经济市场主体的线性拟合图。图6-16显示，市（州）营商环境与民营经济市场主体总量呈正相关，营商环境指数可以解释市（州）民营经济市场主体总量的61.8%的变化。图6-17显

示，市（州）营商环境与民营经济市场主体增速呈微弱正相关，统计不显著，营商环境指数可以解释市（州）民营经济市场主体总量的3.3%的变化。

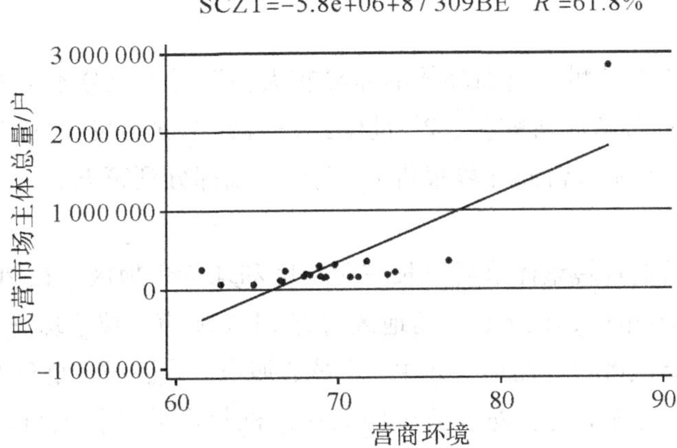

图6-16 四川省各市（州）营商环境与民营经济市场主体总量情况

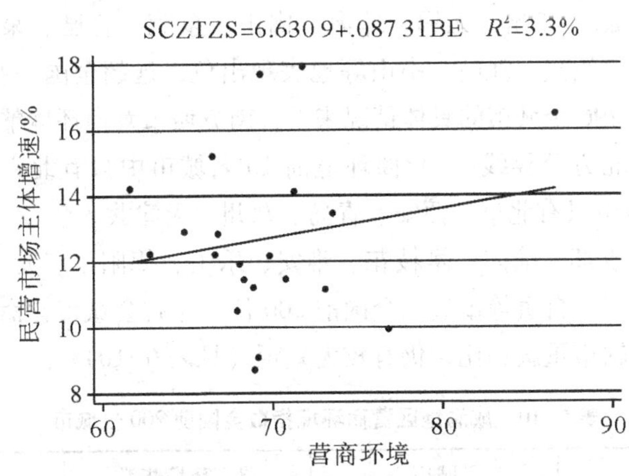

图6-17 四川省各市（州）营商环境与民营经济市场主体增速情况

第二节　存在问题

成渝地区各市（州）营商环境的差异较大，发展不充分不平衡的问题客观存在。据粤港澳大湾区研究院、21世纪经济研究院联合发布的《2020年中国296个地级及以上城市营商环境报告》，重庆、成都分列第五、第六位，在全国靠前。

西部地区营商环境整体落后于长三角地区和珠三角地区。在2020年营商环境得分前50名城市中，位于长三角地区的有14个城市，位于珠三角地区的有8个城市，京津冀地区仅有北京、天津2个核心城市，成渝城市群仅有成都和重庆2个中心城市。上海市吸引外资数全国第一，杭州市的常住人口增加量全国第一，珠海市常住人口增速全国第一，深圳市每万人创办的市场主体数全国第一，苏州市场主体总量在地级市中排名第一。除上海、深圳、广州、杭州、南京等地排名靠前外，合肥、苏州、无锡、珠海、佛山、东莞、合肥、泉州、嘉兴、台州、湖州、惠州、绍兴、江门、中山等地表现出色，远超全国一些副省级城市、省会城市。从这296个城市的具体情况来看，南方城市营商环境整体更好（以秦岭—淮河作为南北方分界线）。营商环境前10名城市中只有北京位于北方，前20名中的北方城市只有北京、西安、青岛、郑州、天津共5个。

四川省内，成都、绵阳、攀枝花、雅安、乐山、德阳、广元、宜宾、泸州、南充、眉山、广安、自贡等市进入全国前200位，非省会城市营商环境指数与省会城市成都和直辖市重庆相比，仍有较大差距（见表6-10）。

表6-10　成渝地区营商环境指数全国前200位城市

排序	城市	营商环境指数	省份
5	重庆市	0.516 8	重庆市
6	成都市	0.489 6	四川省
61	绵阳市	0.283 5	四川省
75	攀枝花市	0.276 9	四川省
84	雅安市	0.271 4	四川省

表6-10(续)

排序	城市	营商环境指数	省份
95	乐山市	0.267 7	四川省
110	德阳市	0.261 1	四川省
154	广元市	0.247 7	四川省
159	宜宾市	0.245 9	四川省
175	泸州市	0.241 6	四川省
178	南充市	0.240 8	四川省
181	眉山市	0.239 8	四川省
191	广安市	0.235 9	四川省
196	自贡市	0.234 9	四川省

在“赛迪顾问 2020 中国县域经济百强榜单”中，四川无县（市）入选。江苏省、浙江省、山东省分别占 25 席、18 席和 15 席；河南省、湖北省各占 7 席；湖南省占 4 席；安徽省占 3 席。在“赛迪顾问 2020 中国营商环境百强县榜单”中，四川省仅有西昌市入选，远低于浙江省（27 席）、江苏省（22 席）、山东省（9 席）的表现（见图 6-18）。

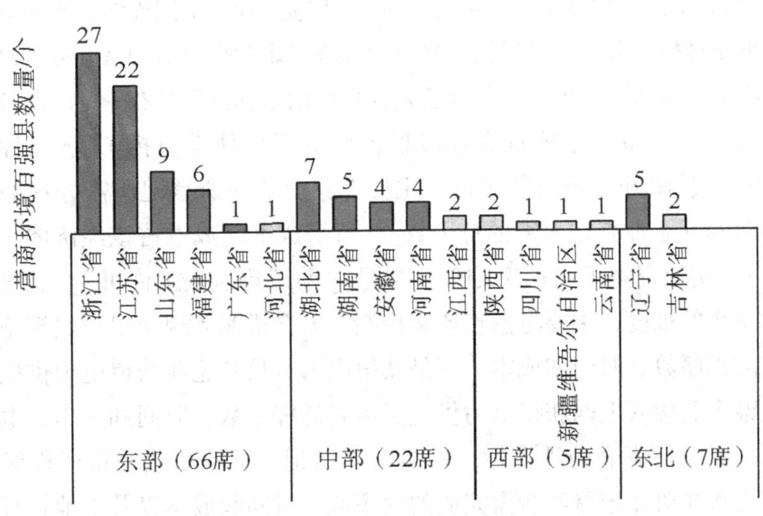

图 6-18　赛迪顾问 2020 中国营商环境百强县分布情况

据张三保、张志学（2020）的报告，在一级指标中，重庆市在“市场环境”这一指标中排在第16位，远远落后于其他三个一级指标的排位。市场环境指标反映公平竞争水平，包括融资、创新、竞争公平、资源获取四个二级指标。在二级指标中，政策透明（第16）、创新（第18）、竞争公平（第18）、市场中介（第24）、政府廉洁（第30）五项指标排名不理想。在三级指标中，大学及科研机构数量（第21）、外资企业比（第22）、水价（第22）、创业活力（第23）、租赁及商业服务企业（第25）、廉洁指数（第30）、会计师事务所（第31）等指标排在全国落后水平。

在二级指标中，四川省在创新（第11）、对外开放（第13）、竞争公平（第14）和资源获取（第16）等指标上仍有较大提升空间。在三级指标中，四川省在地价（第20）、对外投资度（第20）、水价（第21）、政府规模（第21）和非国有经济比重（第22）等指标方面，排名不理想。

第三节　发展路径

世界银行《2020年全球营商环境报告》显示，中国营商环境在全球190个经济体中排名第31位，相较于上一年的第46位大幅提升。中国连续两年位列营商环境改善幅度全球排名前十。世界银行将营商环境界定为企业活动从开办到结束各环节中所面临的环境状况。世界银行评价营商环境的指标体系具有一定的参考价值。

世界银行《2020年全球营商环境报告》的指标体系包括12项指标：一是“开办企业”，反映开办企业的难度，主要考察企业注册登记所需办理的程序总数、所需时间（企业登记所需的总天数）、所需成本（成本占该经济体人均收入的百分比）、实缴资本下限四个维度。二是“办理建筑施工许可”，反映企业申请建造建筑物的难度，主要考察按质量控制、安全机制等规定申请建筑施工许可手续所需的程序数、时间和成本。三是获得电力，反映企业获得电力供应的难易程度，考察企业接入电网获得电力供应所需要的程序数、时间和成本、电力供应的稳定性、电力费率表的透明性。四是财产登记，反映企业获得产权保护的程度。主要考察注册登记财产所需完成的程序数、时间和成本以及土地管理系统的质量。五是获得信贷，反映企业获得信贷融资的难度，主要考察动产抵押物法和信贷信息系统。六是投资者保护，反映投资者保护程度，主要考察关联交易和公司治理中的小股东权利保护。七是缴纳税款，反映企业承担的税负，主要考察遵守税法缴税支付难易程度、所需时间、总税额、缴税率以及归档程序。八是跨境贸易，反映企业进出口贸易的便利程度，主要考察出口比较优势产品以及进口汽车零部件的时间和成本。九是合同执行，反映合同执行的效率，主要考察解决商业纠纷的时间和成本以及司法程序的质量。十是办理破产，反映破产程序的难易程度，主要考察商业破产的时间、成本、结果、回收率（债权人、税务部门和雇员从破产企业收回的款项占其投入的比重）以及破产法律框架的力度。十一是雇佣工人，反映企业劳动力管理的难易程度，主要考察劳动力雇佣管理的灵活性。十二是获得政府合同，反映获得政府合同的难易程度，主要考察通过公共采购参与并赢得政府合同的程序和时间以及公共采购的管理框架。世界银行的营商环境指标体系成为一些地方和部门构建营商环境指数的重要参考。

2019 年 10 月 8 日国务院第 66 次常务会议通过，自 2020 年 1 月 1 日起施行的《优化营商环境条例》（以下简称《条例》），将营商环境定义为企业等市场主体在市场经济活动中所涉及的体制机制性因素和条件。

优化营商环境工作应当坚持市场化、法治化、国际化原则，以市场主体需求为导向，以深刻转变政府职能为核心，创新体制机制、强化协同联动、完善法治保障，为各类市场主体投资兴业营造稳定、公平、透明、可预期的良好环境。

一是加强市场主体保护。《条例》明确规定，国家平等保护各类市场主体，保障各类市场主体依法平等使用各类生产要素和依法平等享受支持政策，保护市场主体经营自主权、财产权和其他合法权益，推动建立全国统一的市场主体维权服务平台等。

二是优化市场环境。《条例》对压减企业开办时间、保障平等市场准入、维护公平竞争市场秩序、落实减税降费政策、规范涉企收费、解决融资难融资贵问题、简化企业注销流程等作出规定。

三是提升政务服务能力和水平。《条例》对推进全国一体化在线政务服务平台建设、精简行政许可和优化审批服务、优化工程建设项目审批流程、规范行政审批中介服务、减证便民、促进跨境贸易便利化、建立政企沟通机制等做了规定。

四是规范和创新监管执法。《条例》对健全监管规则和标准，推行信用监管、“双随机、一公开”监管、包容审慎监管、“互联网+监管”，落实行政执法公示制度、行政执法全过程记录制度和重大行政执法决定法制审核制度等作出规定。

五是加强法治保障。《条例》对法律法规的立改废和调整实施，制定法规政策听取市场主体意见，为市场主体设置政策适应调整期，完善多元化纠纷解决机制、加强法治宣传教育、推进公共法律服务体系建设等作出规定。上述具体内容可参阅《优化营商环境条例》。

张三保、张志学（2020）的《中国省份营商环境研究报告 2020》的评价体系包括市场环境、政务环境、法律政策、人文环境 4 个一级指标和融资、创新、竞争公平、资源获取、市场中介、政企关系、政府廉洁、政府效率、政策透明、司法公正、对外开放、社会信用 12 个二级指标，具体涵盖 24 项三级指标（见表 6-11）。

表 6-11　中国省份营商环境评价指标体系

一级指标	目标	二级指标及其权重	三级指标	计算方法
市场环境	公平竞争	融资	融资水平	省份社会融资规模增量/地区生产总值
		创新	研发投入	省份研究与试验发展（R&D）经费内部支出/地区生产总值
			科研机构	省份普通高等学校（机构）数量
			研发产出	创新指数
		竞争公平	创业活力	创业企业价值指数
			非国有经济比重	非国有企业社会固定资产投资/内资企业全社会固定资产投资
		资源获取	水价	非居民自来水单价
			地价	商业用地价格
			人力资本	人口迁入率
			交通服务	交通运行指数
		市场中介	律师事务所	律师事务所数量/企业数
			会计师事务所	会计师事务所数量/企业数
			租赁及商业服务业企业	租赁及商业服务业企业数量/企业数

表6-11(续)

一级指标	目标	二级指标及其权重	三级指标	计算方法
政务环境	高效廉洁	政企关系	政府关怀	政府关心指数
		政府廉洁	政府廉洁度	政府廉洁指数
		政府效率	政府规模	一般公共预算支出/地区生产总值
			电子政务水平	电子服务能力指数
法律政策环境	公正透明	政策透明	政府透明度	政府透明度指数
		司法公正	司法质量	司法文明指数
人文环境	开放包容	对外开放	贸易依存度	海关进出口金额/地区生产总值
			外资企业比	外资直接投资企业数/企业数
			对外投资度	对外非金融投资额/地区生产总值
		社会信用	信用市场建设	信用信息共享平台得分

人们对县域营商环境，普遍还没有足够的重视。实际上，民营经济是县域经济的主战场，优化县域营商环境是民营经济发展的“先手棋”，营商环境好了才会吸引投资，才会实现产业成长。建议在实施县域经济强县强区强镇培育方案中，把支持民营经济发展作为发展县域经济的重要抓手和突破口，切实优化县域营商环境。参考赛迪顾问的指标体系，着力提升服务效能、激发企业活力、强化要素吸引、推进基础设施领先、构建生态友好社会。赛迪顾问的服务效能指标包括不见面审批事项占行政审批事项的比重、在线服务事项覆盖率；企业活力指标包括新增企业数量占企业总数的比例、新增外资总额、固定资产投资增速、规上工业企业利润增速；要素吸引指标包括人均社会消费品零售总额、人口净流入量、金融机构本外币贷款余额。设施领先指标包括高铁经停班次数量、县（市）政府驻地到最近机场的距离、建成区路网密度；生态友好指标包括空气优良天数比例、建成区绿化覆盖率。

笔者认为，《优化营商环境条例》是各地各部门优化营商环境的行动指南，而世界银行的营商环境指标体系以及赛迪顾问的县域营商环境指标体系具有一定的参考价值。营商环境应该既包括硬环境，如交通物流、通信、能源等基础设施，也包括良好的产权保护和契约实施的制度、政务服务、生态环境等软环境，良好的硬环境和软环境都是降低交易成本，促进投资和分工、从而促进经济发展的重要手段。“要想富，先修路”说的是硬环境的优化，完整的优化营商环境的表述还要强调制度基础设施等软环境。受世界银行营商环境指标的影响，国内营商环境指数的编制多存在重视软环境，忽视硬环境的倾向。例如，张三保、张志学（2020）的营商环境指标体系只有交通服务（交通运行指数）一项指标反映硬环境。

第四节 案例分析

习近平总书记强调：“营商环境只有更好，没有最好。”四川省高度重视优化营商环境工作。优化营商环境是产业发展的“先手棋”，与“斯密-科斯”发展框架高度契合。分工是经济发展的源泉，其深化程度往往取决于交易费用的高低。优化营商环境在经济发展中的作用主要是降低交易费用，从而促进投资和分工演进。

2018 年 6 月 1 日，四川省人民政府办公厅印发《四川省进一步优化营商环境工作方案》的通知，旨在加快转变政府职能，优化政府管理方式，提升行政效能，培育良好市场环境，为市场主体添活力，为人民群众增便利。汇聚一切有利于生产力发展的要素，健全激励机制和容错纠错机制。坚持创新导向，综合运用新技术新手段，推进政府服务方式和监管模式创新，加快推进“最多跑一次”“互联网+政务服务”等改革事项。坚持目标导向，对标国际先进标准，进一步优化四川省的营商环境。具体方案为：第一，促进行政审批提质增效。简化企业开办和注销程序，简化施工许可证办理程序，简化企业水电气报建程序，简化企业办理不动产登记程序。第二，切实降低实体经济成本。降低企业融资难度和成本，进一步减轻企业负担。第三，着力提升便利化水平。提升企业纳税便利化水平，提升企业跨境贸易便利化水平，提升外商投资便利化水平。第四，创新市场监管方式。加强事中、事后监管，推进社会信用体系建设，加大知识产权保护力度，依法保护企业合法权益，规范行政处罚裁量权。第五，做好组织实施。健全优化营商环境工作推进机制，建立营商环境评价机制，加强督查问效，并做好宣传解读工作。

2019 年 2 月 11 日，成都市召开国际化营商环境建设年动员大会，将 2019 年确立为“国际化营商环境建设年”。会议强调，营商环境只有更好没有最好，要努力建设与城市经济规模国际排名相称的营商环境和市场化水平。要打造国际化、法治化、便利化的营商环境；坚决向“盆地意识”“西部思维”“固有旧习”说不，主动走出西部龙头城市和全川首位城市的“舒适区”和“参照系”，推动营商环境“革命性再造”。大力培育“办事不用求人，办成事不用找人”的营商文化，形成社会共识。要聚焦市场准入、政务效率、要素配置、市场监管和权益保护五个重点创新突破，全力冲刺进入全球营商环境先进城市前列。要筑巢引凤，以环境竞争力大力引进高质量项目、促进有效投资、集聚转型动能。2020年1月，成都市出台《进一步优化提升国际化营商环境工作方案》，方案立足构建企业全生命周期服务体系，对开办企业、企业注销、办理建筑许可等29个方面，制定了249条优化提升措施，着力打造审批最少、流程最优、效率最高、服务最好的营商环境，不断增强企业的获得感。在涉及服务企业全生命周期的可量化指标领域，成都力求环节更少、时间更短、成本更低。如将企业开办从“企业登记、印章刻制、申请发票”3个环节整合为1个环节，1天办完，零成本。2020年9月，成都市出台《成都市全面深化国际化营商环境建设实施方案》，优化提升投资贸易便利度，优化提升获得许可便利度，优化提升要素匹配便利度，优化提升政策支持便利度，优化提升司法保护便利度，营造公平竞争的市场环境。2020年成都获评国际化营商环境建设标杆城市。

2019年6月20日，四川省出台《四川省深化“放管服”改革优化营商环境行动计划（2019—2020年）》，涵盖1个主文件和5个子文件，加快提升全省营商环境的国际化、法治化、便利化水平。5个子文件是《四川省政务服务对标专项行动方案》《四川省提升营商环境法治化水平专项行动方案》《四川省简政便民专项行动方案》《四川省规范行政审批中介服务专项行动方案》《四川省推进“一网通办”专项行动方案》。

2021年3月26日，《四川省优化营商环境条例》通过四川省十三届人大常委会第二十六次会议审议。该条例共5章77条，包含总则、市场环境、政务服务、法治保障和附则。其框架体系基本参照国务院《优化营商环境条例》。

四川强调优化营商环境应当坚持市场化、法治化、国际化原则，以市场主体需求为导向，以深刻转变政府职能为核心，创新体制机制、强化协同联动、完善法治保障，对标国际国内先进水平，打造贸易投资便利、政策公开透明、政务服务规范、法治体系完善的国际一流营商环境，为各类市场主体投资兴业营造稳定、公平、透明、可预期的良好环境。坚持权利平等、机会平等、规则平等，保障各种所有制经济平等受到法律保护。市场主体的财产权利以及其他合法权益和企业经营者的人身权利、财产权利以及其他合法权益受法律保护，任何组织或者个人不得侵犯。市场主体应当遵守法律法规，恪守社会公德和商业道德，诚实守信、公平竞争，履行安全、质量、环境保护、劳动者权益保护、消费者权益保护等方面的法定义务，在国际经贸活动中遵循国际通行规则。

2020 年 9 月 14 日，重庆市人民政府办公厅发布《重庆市 2020 年对标国际先进优化营商环境实施方案》。把优化营商环境作为倒逼改革、顺推开放的重大机遇，紧紧围绕推进治理体系和治理能力现代化，以刀刃向内、自我革命的决心和魄力，以精准有力、务实有效的办法和措施，推动全市营商环境实现大提升。对接世界银行评价指标体系，坚持问题导向、目标导向、结果导向，聚焦企业全生命周期，围绕减环节、减时间、减成本，持续完善政策措施，提升改革的精准度、有效性。扎实推动各项改革举措落细落实，切实提升企业和群众办事的便利度、满意度，提高市场主体对营商环境改革的获得感。主要任务是：深化商事制度改革，推进办理施工许可效率质量双升，推进获得电力“零上门、零审批、零投资”，推进登记财产“一窗办理、即办即取”，提升获得信贷的便利度，保护中小投资者的合法权益，优化纳税服务，促进跨境贸易便利化，加强执行合同司法保障，优化办理破产服务，深化招标领域改革。

2021 年 3 月，重庆市五届人大常委会第二十五次会议对《重庆市优化营商环境条例》进行了审议。该条例共 5 章 80 条，基本参照国务院《优化营商环境条例》。重庆强调优化营商环境应当坚持市场化、法治化、国际化原则，尊重市场主体地位，以市场主体需求为导向，以激发市场主体活力为目标，以建设高标准市场体系、持续转变政府职能为核心，对标国际先进水平，打造贸易投资便利、政策公开透明、政务服务标准、法治保障完善的国际一流营商环境，为各类市场主体投资兴业营造稳定、公平、透明、可预期的良好环境。市场主体在市场经济活动中权利平等、机会平等、规则平等，市场主体的财产权利以及其他合法权益和企业经营者的人身权利、财产权利以及其他合法权益受法律保护，任何组织和个人不得侵犯。市场主体应当遵守法律法规，恪守社会公德和商业道德，诚实守信、公平竞争，履行安全、质量、环境保护、劳动者权益保护、消费者权益保护等方面的法定义务，在国际经贸活动中遵循国际通行规则。

第七章 四川省民营企业问卷调查

第一节 四川省民营企业三季度调查报告

为深入了解目前四川省民营企业生产经营状况，2020 年 10 月，省民营办对四川省民营企业进行了问卷调查。本次调查通过“问卷星”发布问卷，受访对象是乐山市的民营企业，共收到 154 份有效答卷。受访民营企业以微型、小型企业为主，二者数量合计占受访民营企业总数的 85.71%。其行业分布以工业为主，占比为 46.1%，其次是服务业（31.17%）、农业（19.48%）和建筑业（3.25%）。

（一）当前四川省民营企业生产经营状况

2020 年第三季度，92.86%的民营企业处于正常生产经营状态，停工企业只占 7.14%。46.75%的受访民营企业用电量比上一年同期减少（见图 7-1）。42.21%的受访民营企业用工量比上一年同期减少（见图 7-2）。61.04%的受访民营企业市场订单（或销售）比上一年同期减少（见图 7-3）。订单（销量）减少的民企中，减少 20%~50%的民企占 74.47%。61.69%的受访民企表示产量或营业额比上一年同期减少（见图 7-4），其中 71.57%的民企产量或营业额减少了 20%~50%。

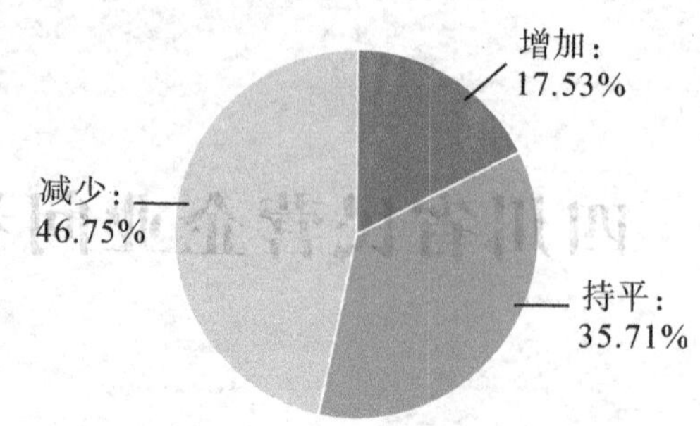

图 7-1　2020 年前三季度月用电量情况

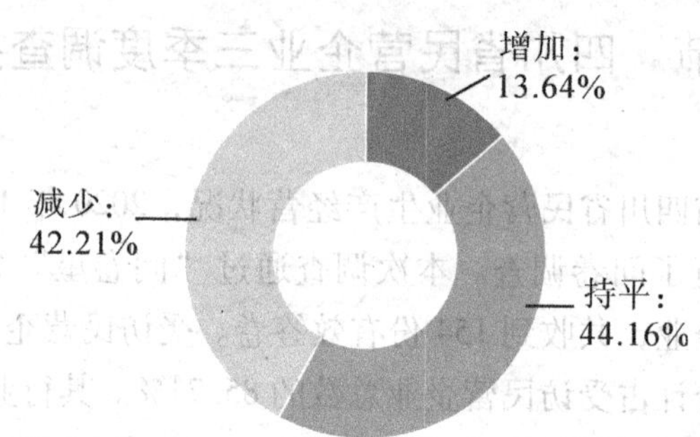

图 7-2　2020 年前三季度用工量情况

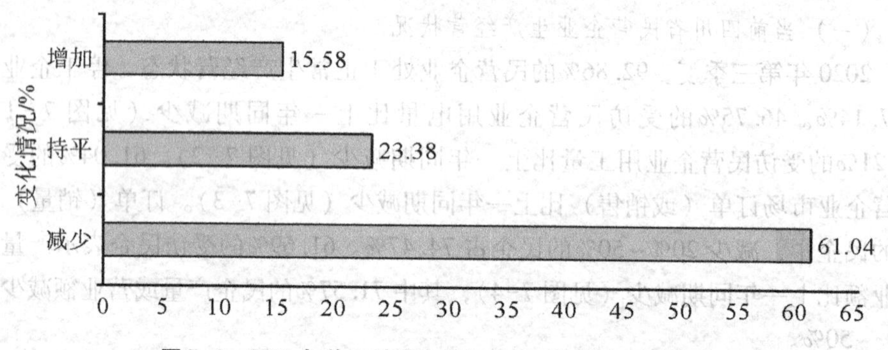

图 7-3　2020 年前三季度市场订单（或销售）变化情况

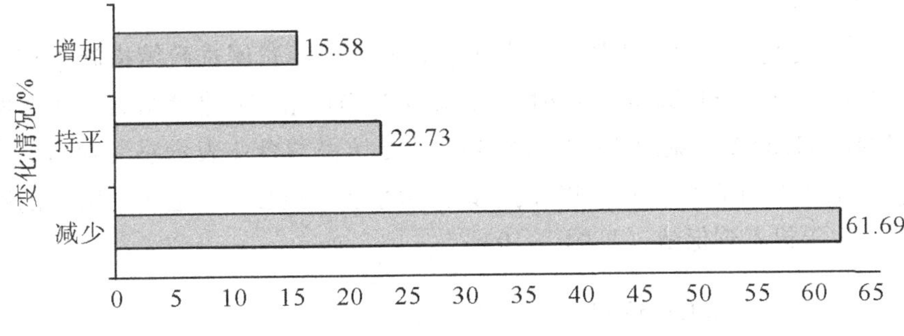

图 7-4　2020 年前三季度产量或营业额变化情况

对未来一年的生产经营和营业收入情况，15. 58%的受访民营企业认为会更差，27. 27%受访民营企业认为与现在持平，认为“相对乐观，会好一些”的占48. 71%，只有 8. 44%的受访民营企业认为“乐观，会好很多”（见图 7-5）。制约民营企业生产经营最主要的因素是原材料价格上涨、劳动力价格上涨、市场不景气导致生产的产品积压、资金紧张，资金周转困难等（见图 7-6）。

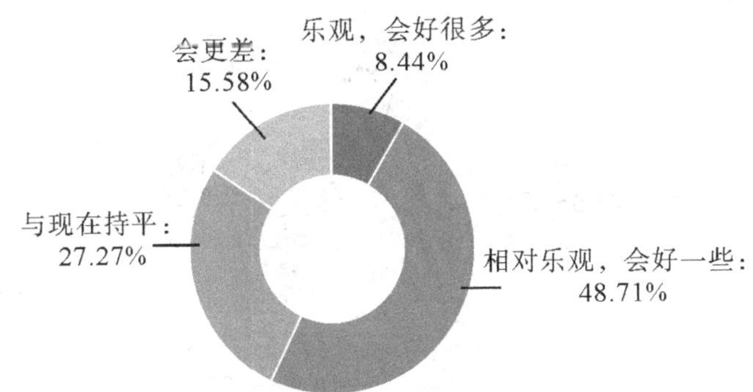

图 7-5　对未来一年的生产经营和营收情况的预测

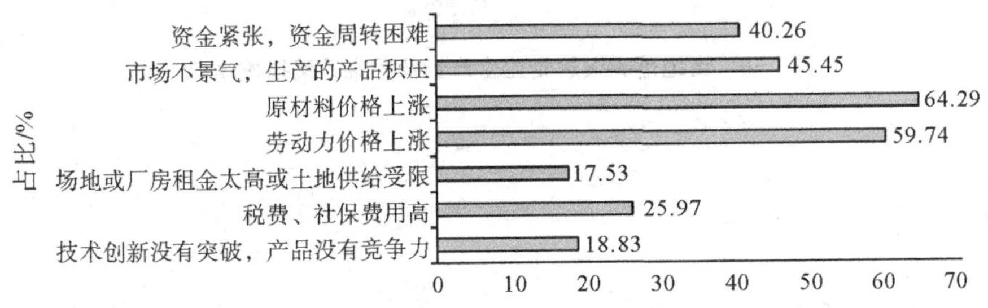

图 7-6　制约民营企业生产经营的主要因素

（二）营商环境状况

66.88%的受访民营企业从省、市缓解企业生产经营困难政策措施中获得了实惠（见图7-7）。31.82%的受访民营企业认为当地落实得非常好，认为落实得比较好的占41.55%（见图7-8）。58.44%的受访民营企业表示感受到当地营商环境在优化（见图7-9）。61.69%的受访民营企业不担心民营企业（家）的财产权、经营权等得不到保障（见图7-10）。

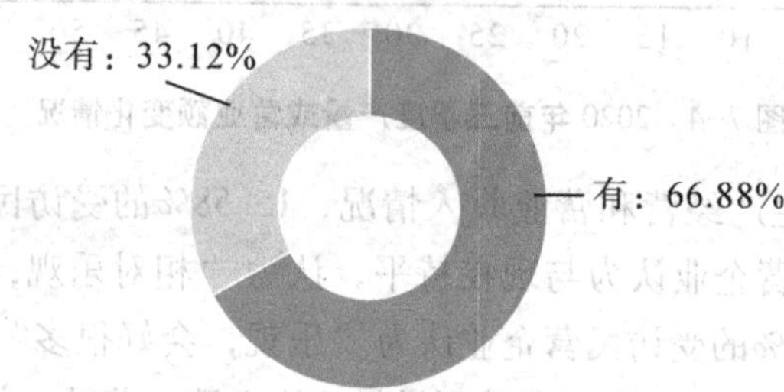

图7-7 “有没有从省、市（州）缓解企业生产经营困难政策措施中获得实惠”

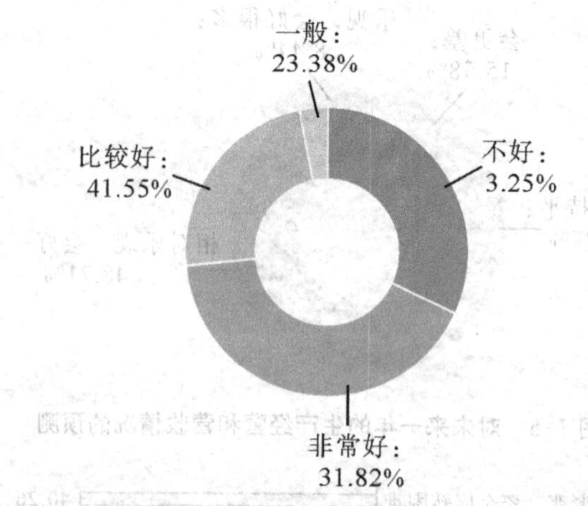

图7-8 当地落实缓解企业生产经营困难政策措施情况

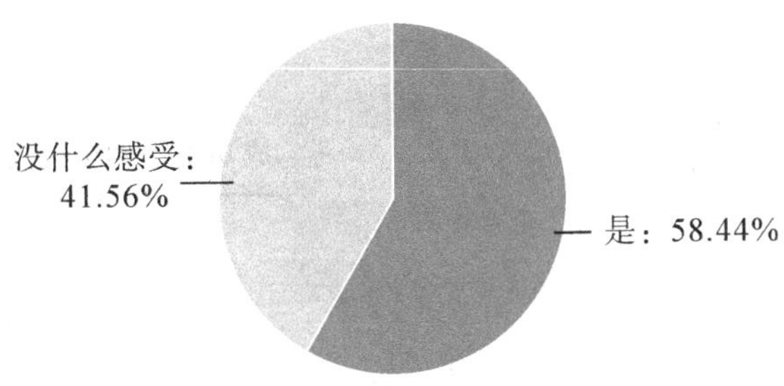

图 7-9　“是否感受到当地营商环境在优化”

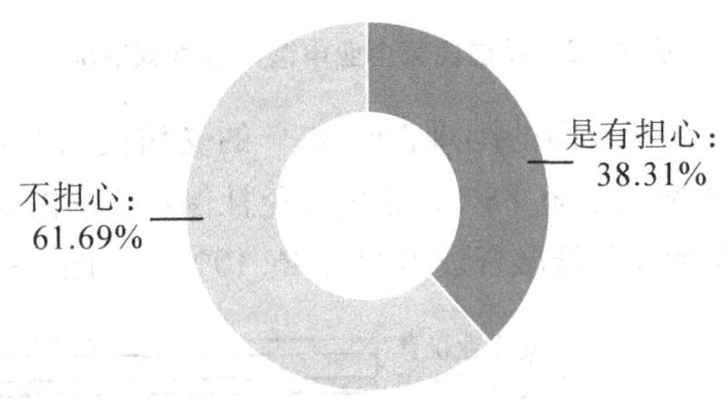

图 7-10　“是否担心民营企业（家）的财产权、经营权等得不到保障”

（三）民营企业诉求

37.01%的受访民营企业表示急需资金支持，12.99%的受访民营企业表示融资需求增大，无法及时还贷款的受访民营企业占 6.49%（见图 7-11）。54.54%的受访民营企业申请了银行贷款，其中，成功申请到银行贷款的占 47.40%（见图 7-12）。46.75%的受访民营企业表示银行贷款年利率在 5%及以下。

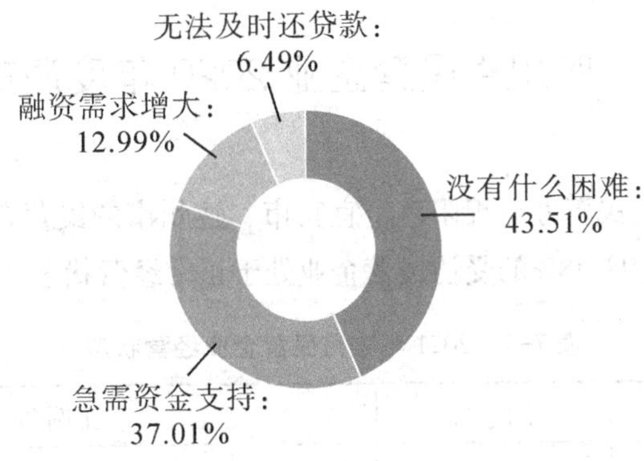

图 7-11　受访民营企业的资金需求

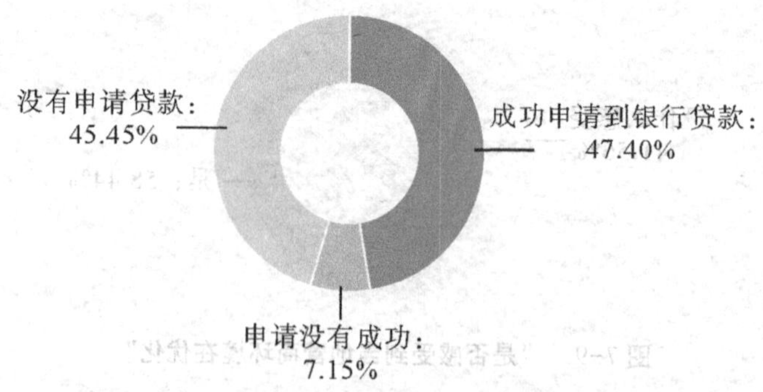

图 7-12 受访民营企业申请银行贷款情况

为缓解企业生产经营方面的困难，66.88%的受访民营企业希望提供相关补贴，希望减免企业税费的占 66.88%，希望减免社保费用的占 57.79%，希望提供贷款、融资等金融支持并降低融资成本的占 46.10%（见图 7-13）。

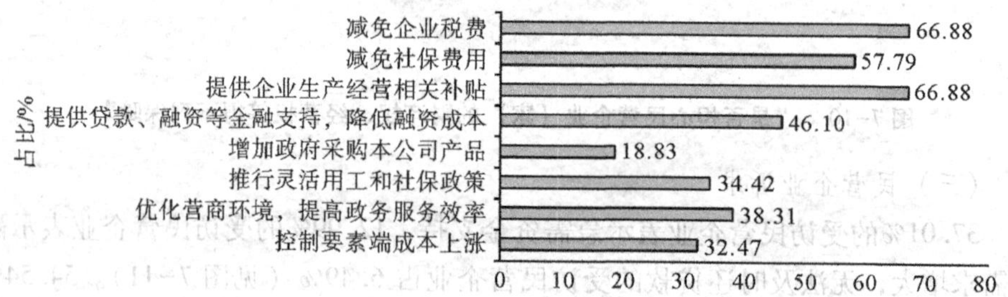

图 7-13 缓解生产经营困难民营企业希望得到政府的帮助

第二节 四川省民营企业 2020 年度调查报告

2021 年 1 月，省民营办对绵阳市、宜宾市、达州市的民营企业进行抽样调查，共收回 197 份问卷。98.48%的受访民营企业处于正常经营状态（见表 7-1）。

表 7-1 2021 年 1 月民营企业经营状态

选项	小计/家	比例/%
正常经营	194	98.48

表7-1(续)

选项	小计/家	比例/%
停业	1	0.51
歇业清算	2	1.02

21.32%的受访民营企业经营恢复到新冠疫情前的100%及以上，31.47%的受访民营企业恢复到80%~100%（见表7-2）。

表7-2　2021年1月民营企业经营恢复情况

选项	小计/家	比例/%
40%及以下	12	6.09
40%~<60%	32	16.24
60%~<80%	49	24.87
80%~<100%	62	31.47
100%及以上	42	21.32

2020年，37.56%的受访民营企业用电量比2019年增加，用电量持平的占40.10%。31.47%的受访民营企业用工量比2019年增加，用工量持平的占45.69%（见表7-3）。

表7-3　2020年民营企业用电量和用工量情况

用电量情况	小计/家	比例/%
增加	74	37.56
持平	79	40.10
减少	44	22.34
用工量情况	小计/家	比例/%
增加	62	31.47
持平	90	45.69
减少	45	22.84

与2019年相比，2020年营业收入增加的受访民营企业占28.93%，持平的占24.87%。在营业收入减少的91户受访民营企业中，减少20%以下的占32.97%，减少20%~40%的占31.87%（见表7-4）。

表7-4　2020年民营企业收入情况

收入情况	小计/家	比例/%
增加	57	28.93
持平	49	24.87
减少	91	46.19
收入减少程度	**小计/家**	**比例/%**
减少20%以下	30	32.97
减少20%~40%	29	31.87
减少40%~60%	23	25.27
减少60%~80%	6	6.59
减少80%~100%	3	3.30
减少100%以上	0	0

对于未来一年的生产经营和营业收入情况，26.40%的受访民营企业持乐观态度，46.70%的受访民营企业相对乐观，认为未来一年会好一些（见表7-5）。

表7-5　民营企业对未来一年生产经营和营业收入状况的态度

选项	小计/家	比例/%
乐观，会好很多	52	26.40
相对乐观，会好一些	92	46.70
与2020年持平	41	20.81
比2020年会更差	12	6.09

68.02%的受访民营企业从省（市）缓解企业生产经营困难的政策措施中获得了实惠。93.40%的受访民营企业对省（市）的营商环境表示满意。93.91%的受访民营企业对政府服务民营企业表示满意（见表7-6）。

表 7-6　民营企业对政府相关服务的态度

是否获得实惠	小计/家	比例/%
有	134	68.02
没有	63	31.98
对省市营商环境是否满意	小计/家	比例/%
满意	184	93.40
不满意	13	6.60
对政府服务民营企业是否满意	小计/家	比例/%
满意	185	93.91
不满意	12	6.09

2020 年，47.72%的受访民营企业成功申请到银行贷款，26.90%的受访民营企业申请了但没有成功（见表 7-7）。

表 7-7　是否申请银行贷款

选项	小计/家	比例/%
成功申请到银行贷款	94	47.72
申请了但没有成功	53	26.90
资金没问题，没有申请银行贷款	50	25.38

制约民营企业生产经营状况最主要的因素是劳动力价格上涨、资金紧张、原材料价格上涨等（见表 7-8）。

表 7-8　制约民营企业生产经营状况的主要因素

选项	小计/家	比例/%
资金紧张，资金周转困难	107	54.31
市场不景气，需求下滑	93	47.21
原材料价格上涨	105	53.30
劳动力价格上涨	119	60.41
场地或厂房租金太高或土地供给受限	30	15.23

表7-8(续)

选项	小计/家	比例/%
税费、社保费用高	70	35.53
技术创新没有突破，产品没有竞争力	31	15.74

为促进企业发展或缓解生产经营困难，民营企业希望得到政府的主要帮助是减免企业税费，提供贷款、融资等金融支持、减免社保费用等（见表7-9）。

表7-9 民营企业希望得到政府的主要帮助

选项	小计/家	比例/%
减免企业税费	147	74.62
减免社保费用	121	61.42
提供技术援助	52	26.40
提供贷款、融资等金融支持，降低融资成本	126	63.96
控制要素端成本上涨	69	35.03
优化营商环境，提高政府服务效率	91	46.19

第八章　四川省领军民营企业

第一节　2020年中国民营企业500强

2020年9月10日，全国工商联发布了《2020中国民营企业500强榜单》，四川上榜12家企业，与重庆市并列居西部地区第一位，与2019年相比增加1家。2020年“中国民营企业500强”入围门槛为年营业收入202亿元，四川省民营企业进3退2，上榜的12家分别是新希望集团、通威集团、蓝光投资控股集团、蓝润集团、四川省川威集团、四川德胜集团钒钛有限公司、四川科伦实业集团、成都京东世纪贸易有限公司、浩均发展集团、中国金属资源利用有限公司、正黄集团有限公司以及成都蛟龙港（成都蛟龙投资有限责任公司、成都蛟龙经济开发有限公司）。2020年，四川省新入榜的三匹黑马分别是四川省川威集团（排名132位）、成都京东世纪贸易有限公司（排名255位）、正黄集团有限公司（排名426位），主要业务涉及制造、零售、房地产等行业。2020年，入围中国民营企业500强的四川民营企业营业收入总额为6 532.15亿元，较上一年同比增长25.11%，高于中国民营企业500强的增速；资产总额为8 335.84亿元，较上一年同比增长26.35%。

2020年四川省上榜企业排位整体上升，新希望集团有限公司、通威集团有限公司、蓝光投资控股集团有限公司、蓝润实业集团有限公司、浩均发展集团有限公司、中国金属资源利用有限公司排名分别上升4名、12名、2名、9名、170名、36名。四川德胜集团钒钛有限公司、四川科伦实业集团、成都蛟龙港的排名略有降低，分别下滑24名、24名、46名。

如图8-1所示，从总体数量上看，在四川省上榜民营企业数量排全国第

12位，与重庆市（12家）持平，低于浙江省（96家）、江苏省（90家）、广东省（58家）、山东省（52家）、河北省（32家）、福建省（21家）、湖北省（19家）、上海市（16家）、河南省（15家）、北京市（14家）。

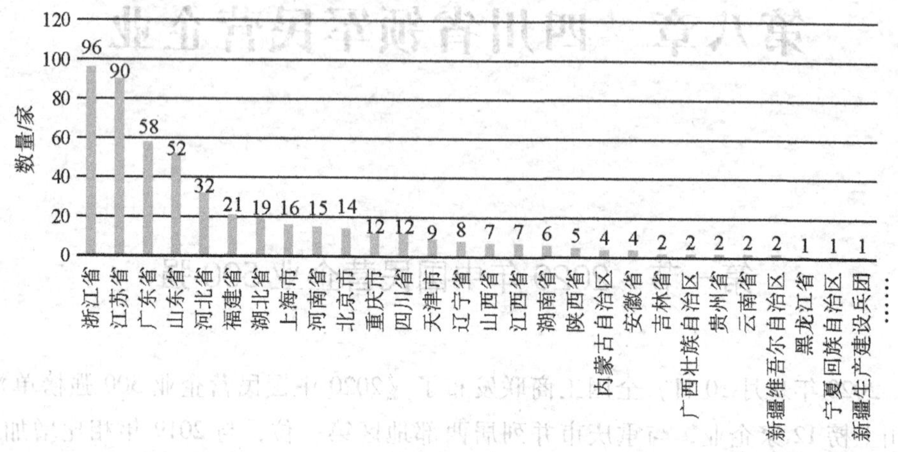

图8-1　2020年全国各省份民营企入围中国民营企业500强数量情况

从行业分布上看，四川省上榜的12家民营企业中，有2家属于房地产业（蓝光、正黄）；有1家属于农业（新希望）；有5家属于制造业，其中，有1家属于农副食品加工业（通威），有2家属于黑色金属冶炼和压延加工业（川威、德胜钒钛），有1家属于医药制造业（科伦），有1家属于色金属冶炼和压延加工业（浩均发展）；有2家属于综合类（蓝润、成都蛟龙港）；有1家属于零售业（京东）；有1家属于批发业（中国金属资源）。从区域分布上看，如表8-1所示，12家上榜民营企业均分布在成都平原经济区，其中，成都市8家，乐山市1家（德胜钒钛），绵阳市1家（中国金属资源）。从个体排位上看，如表8-2所示，四川省民营企业排位最靠前的是新希望（排全国第27位），排名处于前100强的有2家（新希望、通威），排名处于前100~200强的有4家（蓝光、蓝润、川威、德胜钒钛），排名处于前200~300强的有2家（科伦、京东），排名处于前300~400强的有2家（浩均发展、中国金属资源），排名处于前400~500强的有2家（正黄、成都蛟龙港）。

从2015年到2020年，“中国民营企业500强”上榜门槛稳步提升，从2015年的95.09亿元上升到2020年的202.04亿元，2020年入围门槛增速为8.71%（见表8-3和表8-4）。四川上榜“中国民营企业500强”的企业数处于波动当中，当前，四川省上榜数量呈回升态势（12家），在全国排第12位，上榜民营企业数量远落后于浙江省、江苏省、广东省、山东省等东部地区省份（见表 8-5），这与四川省地区生产总值排名全国第 6 的经济大省地位不相匹配。

表 8-1　入围中国民营企业 500 强的省内企业分布情况

全省	12
成都市	8
乐山市	1
绵阳市	1
内江市	1
遂宁市	1

表 8-2　四川省入围中国民营企业 500 强

名称	2020 年排名	2019 年排名	2019 年营业收入/亿元	2018 年营业收入/亿元	所属行业
新希望集团	27	31	1 618.8	1 311.7	农业
通威集团	80	92	812.2	705.6	农副食品加工
蓝光投资控股集团	117	119	640.3	581.6	房地产
四川蓝润实业集团	119	128	631.9	560.8	综合
四川德胜集团钒钛有限公司	182	158	457.1	467.0	黑色金属冶炼与压延加工业
四川科伦实业集团	213	189	414.1	412.4	医药制造业
中迪禾邦集团	未进榜	220		373.1	房地产
成都蛟龙港	435	389	231.3	224.9	综合
中国金属资源利用有限公司	398	434	240.1	206.4	批发业
浩均发展集团	319	489	291.2	189.3	黑色金属冶炼与压延加工业
乐山福华农科投资集团	未进榜	493		187.9	化学原料和化学制品制造业
四川省川威集团	132	未进榜	605.2		黑色金属冶炼与压延加工业

表8-2(续)

名称	2020 年排名	2019 年排名	2019 年营业收入/亿元	2018 年营业收入/亿元	所属行业
成都京东世纪贸易有限公司	255	未进榜	356.6		零售业
正黄集团有限公司	426	未进榜	232.8		房地产业

表 8-3　2015—2020 中国民营企业 500 强上榜门槛及四川省上榜企业数量

项目	年度					
	2015	2016	2017	2018	2019	2020
500 强上榜门槛/亿元	95.09	101.75	120.52	156.84	185.86	202.04
四川上榜企业数/家	12	13	10	8	11	12

表 8-4　2015—2020 年中国民营企业 500 强上榜门槛和户均营业收入增速比较

项目（企业）名称		企业营业收入总额及年度增长率与 500 强上榜门槛增速对比					
		2015 年	2016 年	2017 年	2018 年	2019 年	2020 年
500 强上榜门槛	额度/亿元	95.09	101.75	120.52	156.84	185.86	202.04
	增速/%	4.3	7.0	18.45	30.1%	18.50%	8.71%
500 强户均营业收入	额度/亿元	293.83	323.14	387.23	489.59	570.07	603.42
	增速/%	11.20	9.98	19.83	26.43	16.44	5.85
四川上榜企业户均营业收入	额度/亿元	342.37	327.25	418.33	433.33	474.66	544.35
	增速/%	1.01	-4.42	27.83	3.59	9.54	14.68

表 8-5　各省份入围中国民营企业 500 强的数量、营业收入、户均情况

省份	入围数量/家	营收总额/亿元	户均/亿元
浙江省	96	51 728.35	538.84
江苏省	90	54 909.06	610.10
广东省	58	56 492.67	974.01
福建省	21	10 316.31	491.25
四川省	12	6 532.15	544.34

匹配2019年我国各省份地区生产总值和中国民营企业500强数量，2019年四川省的地区生产总值是46 615.82亿元，排在全国第六位（见表8-6）。2020年入选中国民营企业500强的四川企业有12家，排全国第12位。做两者散点图，呈现显著的正向关系，地区生产总值=812.71×中国民营企业500强数量+20 781，对应四川省的地区生产总值，拟合的应该进入中国民营企业500强的四川企业数量是32家，说明当前的12家在数量上远低于拟合平均水平。按照"扶优扶强、进位晋级、挂牌上市、全面提升"的总体思路，四川省实施"民营企业雁阵培育五年行动计划"，推动民营企业发展壮大，引导挂牌上市，强化要素保障，落实财税政策，夯实人才支撑，完善服务体系。到2024年，实现全省民营企业"破零翻番增量"目标，即世界500强"零的突破"，中国民营企业500强"翻一番"，成长企业挂牌上市"增数量"。

表8-6　我国各省份地区生产总值与中国民营企业500强企业数

省份	2019年我国各省份地区生产总值/亿元	2019年我国各省份500强民营企业数量
北京市	35 371.28	14
天津市	14 104.28	9
河北省	35 104.52	32
山西省	17 026.68	7
内蒙古自治区	17 212.53	4
辽宁省	24 909.45	8
吉林省	11 726.82	2
黑龙江省	13 612.68	1
上海市	38 155.32	16
江苏省	99 631.52	90
浙江省	62 351.74	96
安徽省	37 113.98	4
福建省	42 395.00	21
江西省	24 757.50	7

表8-6(续)

省份	2019 年我国各省份地区生产总值/亿元	2019 年我国各省份500 强民营企业数量
山东省	71 067.53	52
河南省	54 259.20	15
湖北省	45 828.31	19
湖南省	39 752.12	6
广东省	107 671.07	58
广西壮族自治区	21 237.14	2
海南省	5 308.93	
重庆市	23 605.77	12
四川省	46 615.82	12
贵州省	16 769.34	2
云南省	23 223.75	2
西藏自治区	1 697.82	
陕西省	25 793.17	5
甘肃省	8 718.30	
青海省	2 965.95	
宁夏回族自治区	3 748.48	1
新疆维吾尔自治区	13 597.11	2

第二节 2020 年四川民营企业 100 强

2020 年，四川民营企业 100 强的入围门槛营业收入达到 17.15 亿元，比上一年增加 3.84 亿元。四川 100 强民营企业营业收入总额首次突破万亿元大关，达到 11 038.78 亿元，比上一年增加 2 145.58 亿元。营业收入超 500 亿元的企业有 5 家，超 100 亿元的企业有 26 家。新希望集团有限公司（1 618.87 亿元）、通威集团有限公司（812.22亿元）、蓝光投资控股集团有限公司（640.35亿元）、蓝润集团有限公司（631.95亿元）、川威集团有限公司（605.20亿元）5家企业营业收入超过500亿元。百强企业税后净利润总额552.38亿元，比上一年增加7.41亿元，增长1.36%。税后净利润超过10亿元的企业有16家，比上一年增加4家。百强企业纳税总额达531.36亿元，同比增长26.36%。纳税额在10亿元以上的企业有15家，比上一年增加3家。蓝光投资控股集团（54.29亿元）、新希望集团（42.9亿元）、四川剑南春（集团）有限责任公司（39.81亿元）纳税总额位居前三。在区域分布上，成都平原经济区73家、川南经济区13家、川东北经济区9家、攀西经济区4家、川西北生态经济区1家，其中成都市47家、比上一年增加2家，成都主干优势进一步凸显。排第2位的是德阳市，有7家民营企业进入四川省民营企业100强，绵阳市、遂宁市各有6家，列3、4位（见表8-7）。受疫情影响，2020年四川民营企业100强实现海外收入31.71亿美元，同比减少72.15%；出口总额8.95亿美元，同比下降67.23%。详细名单见表8-8。

表8-7　入围四川民营企业100强各市（州）家数

市（州）	数量/家
成都市	47
德阳市	7
绵阳市	6
遂宁市	6
广安市	5
泸州市	4
宜宾市	4
自贡市	4
乐山市	3
攀枝花市	3
雅安市	3
南充市	2
阿坝藏族羌族自治州	1

表8-7(续)

市（州）	数量/家
巴中市	1
达州市	1
凉山彝族自治州	1
眉山市	1
内江市	1
资阳市	0
广元市	0
甘孜藏族自治州	0

表 8-8　2020 年四川民营企业 100 强名单

序号	企业名称	市（州）
1	新希望集团有限公司	成都市
2	通威集团有限公司	成都市
3	蓝光投资控股集团有限公司	成都市
4	蓝润集团有限公司	成都市
5	四川省川威集团有限公司	内江市
6	四川德胜集团钒钛有限公司	乐山市
7	四川科伦实业集团有限公司	成都市
8	成都京东世纪贸易有限公司	成都市
9	浩均发展集团有限公司	成都市
10	中国金属资源利用有限公司	绵阳市
11	正黄集团有限公司	遂宁市
12	成都蛟龙港	成都市
13	攀枝花钢城集团有限公司	攀枝花市
14	润达丰控股集团有限公司	成都市
15	四川浩旺实业集团有限公司	成都市

表8-8(续)

序号	企业名称	市（州）
16	四川省达州钢铁集团有限责任公司	达州市
17	成都红旗连锁股份有限公司	成都市
18	华侨凤凰集团股份有限公司	成都市
19	成都建国汽车贸易有限公司	成都市
20	四川和邦投资集团有限公司	乐山市
21	宜宾恒旭投资集团有限公司	宜宾市
22	四川剑南春（集团）有限责任公司	德阳市
23	四川铁骑力士实业有限公司	绵阳市
24	四川宏达（集团）有限公司	德阳市
25	四川省景茂置业集团有限公司	成都市
26	超宇集团有限公司	成都市
27	四川高金实业集团有限公司	遂宁市
28	四川郎酒集团有限责任公司	泸州市
29	宏义实业集团有限公司	成都市
30	成都永辉商业发展有限公司	成都市
31	四川海天投资有限责任公司	成都市
32	壹玖壹玖酒类平台科技股份有限公司	成都市
33	四川邦泰投资有限责任公司	成都市
34	四川省远达集团有限公司	自贡市
35	明宇实业集团有限公司	成都市
36	中诚投建工集团有限公司	成都市
37	四川建设集团有限公司	广安市
38	成都华川公路建设集团有限公司	成都市
39	四川濠吉食品集团有限公司	凉山彝族自治州
40	四川四环锌锗科技有限公司	雅安市
41	四川峨胜水泥集团股份有限公司	乐山市

表8-8(续)

序号	企业名称	市（州）
42	四川省开元集团有限公司	成都市
43	天齐锂业股份有限公司	遂宁市
44	四川雅安安山钢铁有限公司	雅安市
45	全友家私有限公司	成都市
46	龙蟒大地农业有限公司	德阳市
47	益海（广汉）粮油饲料有限公司	德阳市
48	泸州益鑫钢铁有限公司	泸州市
49	好医生药业集团有限公司	绵阳市
50	四川鑫达企业集团有限公司	南充市
51	四川省高宇集团有限公司	成都市
52	成都市长峰钢铁集团有限公司	成都市
53	亨源实业集团有限公司	成都市
54	华西能源工业股份有限公司	自贡市
55	四川富临实业集团有限公司	绵阳市
56	海特集团	成都市
57	成都康弘药业集团股份有限公司	成都市
58	成都阳光铝制品有限公司	成都市
59	四川雅化实业集团股份有限公司	雅安市
60	四川省佳乐企业集团有限公司	泸州市
61	四川美乐集团实业有限公司	绵阳市
62	启阳（成都）投资管理有限公司	成都市
63	攀枝花骏丰矿业有限公司	攀枝花市
64	四川沱牌舍得集团有限公司	遂宁市
65	四川中桂川中燃气投资有限公司	成都市
66	四川金象赛瑞化工股份有限公司	眉山市
67	四川省华中建设集团有限公司	南充市

表8-8(续)

序号	企业名称	市（州）
68	四川贵通控股集团有限公司	成都市
69	成都市路桥工程股份有限公司	成都市
70	成都华阳建筑股份有限公司	成都市
71	阿坝铝厂	阿坝藏族羌族自治州
72	成都天台山制药有限公司	成都市
73	四川龙蟒冶有限责任公司	攀枝花市
74	四川亿胜建设集团有限公司	宜宾市
75	四川都钢钢铁集团股份有限公司	成都市
76	广安诚信化工有限责任公司	广安市
77	江阳建设集团有限公司	泸州市
78	四川省宜宾惠美线业有限责任公司	宜宾市
79	永逸集团有限公司	遂宁市
80	四川新金路集团股份有限公司	德阳市
81	成都极米科技股份有限公司	成都市
82	四川绿然科技集团有限责任公司	遂宁市
83	巴中华兴实业集团有限公司	巴中市
84	四川雄飞集团有限责任公司	自贡市
85	中融国城建设有限公司	成都市
86	四川天邑康和通信股份有限公司	成都市
87	成都远鸿置业集团	成都市
88	宝生集团有限公司	成都市
89	四川星星建设集团有限公司	广安市
90	四川英祥实业集团有限公司	自贡市
91	四川省输变电工程公司	广安市
92	四川振鸿钢制品有限公司	德阳市
93	四川成中控股集团股份有限公司	宜宾市

表8-8(续)

序号	企业名称	市（州）
94	中顺洁柔（四川）纸业有限公司	成都市
95	四川省岳池县石垭建安总公司	广安市
96	康泰塑胶科技集团有限公司	成都市
97	特变电工（德阳）电缆股份有限公司	德阳市
98	成都宏基建材股份有限公司	成都市
99	四川东材科技集团股份有限公司	绵阳市
100	中铁隆工程集团有限公司	成都市

第九章　四川省民营上市公司发展状况

第一节　四川省民营上市公司总体情况

根据四川省证监局统计口径，截至 2020 年三季度，四川省上市公司一共 135 家，其中民营上市公司 80 家，在全国的排名处于第六位。四川省民营上市公司总市值达到 24 278.19 万亿元，证券化指标（总市值/地区生产总值）已经达到 0.548 9，在全国的排名处于第 7 位；其中民营企业市值 9 376.03 亿元，在总市值中占比 36.64%，在全国的排名处于第 22 位。从总体情况看，四川地区体现出资产证券化率较高的特征，但是民营企业在其中占比较低，民营企业体现出证券化率较低及发展不足的特征。各省份排名情况见表 9-1。

表 9-1　各省份民营上市公司情况

省份	民营上市公司数/家	各省上市公司总市值与地区生产总值比值/%	民企市值占总市值比例/%
西藏自治区	16	125.03	90.37
宁夏回族自治区	8	33.22	80.45
河南省	54	24.79	78.28
浙江省	435	97.01	76.83
内蒙古自治区	19	35.68	74.53
江苏省	377	55.89	70.13
广东省	527	138.66	66.98

表9-1(续)

省份	民营上市公司数/家	各省上市公司总市值与地区生产总值比值/%	民企市值占总市值比例/%
辽宁省	48	31.16	63.73
湖南省	69	40.36	62.77
湖北省	77	34.09	62.24
福建省	106	59.74	61.76
江西省	30	22.12	61.09
重庆市	32	41.23	60.81
甘肃省	18	26.38	60.79
河北省	34	27.36	59.97
海南省	23	54.33	50.65
广西壮族自治区	20	13.95	48.42
安徽省	71	51.26	48.10
陕西省	24	39.81	47.23
山东省	149	42.81	45.54
黑龙江	21	24.93	45.49
青海省	8	39.70	37.74
四川省	80	54.89	36.64
新疆维吾尔自治区	31	44.90	29.68
云南省	15	29.77	29.46
吉林省	25	39.18	29.25
山西省	16	33.75	17.53
贵州省	15	139.91	4.97

从各省份民营上市公司总市值来看，四川排名第九，总体上比较靠前，具体见表9-2。

表 9-2　各省份民营上市公司市值

排序	省份	民企市值/亿元
1	广东省	99 999.33
2	浙江省	46 471.53
3	江苏省	39 055.71
4	福建省	15 641.18
5	山东省	13 856.80
6	河南省	10 528.65
7	湖南省	10 070.33
8	湖北省	9 725.09
9	四川省	9 376.03
10	安徽省	9 151.01
11	重庆市	5 918.70
12	河北省	5 761.09
13	辽宁省	4 947.04
14	陕西省	4 849.39
15	内蒙古自治区	4 576.59
16	江西省	3 345.70
17	云南省	2 036.90
18	西藏自治区	1 918.33
19	新疆维吾尔自治区	1 812.04
20	黑龙江省	1 543.83
21	海南省	1 461.04
22	广西壮族自治区	1 434.66
23	甘肃省	1 397.89
24	吉林省	1 343.66
25	贵州省	1 167.05
26	山西省	1 007.66
27	宁夏回族自治区	1 001.83
28	青海省	444.39

如图 9-1 所示，从近五年四川省民营上市公司的收入及利润增长情况看，也体现出同样的特征：总体上非民营上市公司在收入和利润增速上都高于民营企业，体现出“国进民退”的特点。

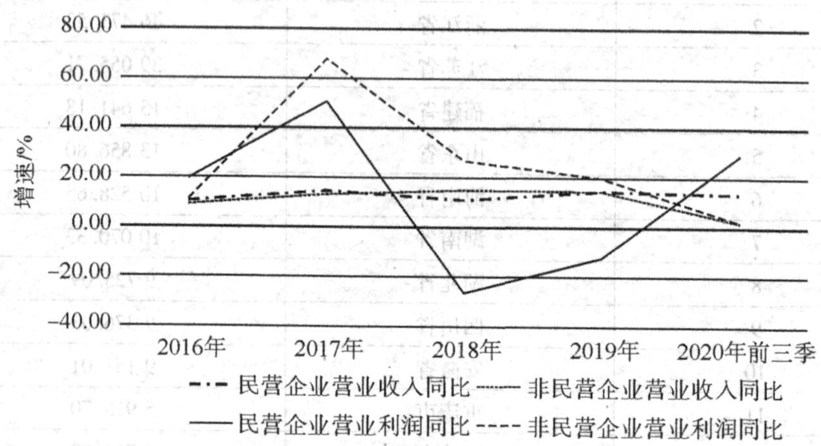

图 9-1　四川省民营企业和非民营企业营业收入利润对比

从具体的企业情况看，四川省民营上市公司行业分布主要集中在传统制造业、房地产、农业等行业，高新技术产业偏少。2020 年前三季度受到疫情冲击，虽然总体上四川省民营上市公司营业收入和利润维持了正增长，但是企业之间差异比较明显。在营业利润指标中，2020 年前三季度利润同比上涨的企业共 45 家，占比 56.25%；利润同比下降的企业总共 35 家，占比 43.75%（见表 9-3）。

表 9-3　四川省民营上市公司财务状况

证券代码	证券简称	2019 年前三季度营业总收入/亿元	2020 年前三季度营业总收入/亿元	营业收入同比/%	2019 年前三季度营业利润/亿元	2020 年前三季度营业利润/亿元)	营业利润同比/%
600804.SH	鹏博士	45.69	41.42	-9.34	-0.12	18.03	14 435.44
300101.SZ	振芯科技	3.02	3.22	6.78	0.02	0.49	2 540.84
300841.SZ	康华生物	2.94	8.25	180.37	1.07	4.07	279.89
603477.SH	巨星农牧	4.17	8.11	94.69	0.42	1.50	254.85
601208.SH	东材科技	12.92	15.30	18.46	0.41	1.37	231.43
300502.SZ	新易盛	7.71	14.37	86.38	1.57	4.02	156.79
300092.SZ	科新机电	4.01	5.57	38.96	0.39	0.82	112.28

表9-3(续)

证券代码	证券简称	2019年前三季度营业总收入/亿元	2020年前三季度营业总收入/亿元	营业收入同比/%	2019年前三季度营业利润/亿元	2020年前三季度营业利润/亿元)	营业利润同比/%
300540. SZ	深冷股份	3. 28	2. 87	-12. 66	0. 04	0. 09	107. 92
300696. SZ	爱乐达	0. 97	1. 85	91. 62	0. 52	1. 04	98. 74
002628. SZ	成都路桥	19. 22	13. 62	-29. 12	0. 41	0. 81	97. 60
002539. SZ	云图控股	66. 99	68. 04	1. 57	2. 43	4. 70	93. 29
600109. SH	国金证券	29. 04	47. 28	62. 82	11. 49	20. 23	76. 02
000835. SZ	*ST 长动	0. 54	0. 09	-84. 02	-0. 68	-1. 19	74. 47
603317. SH	天味食品	10. 78	15. 25	41. 47	2. 19	3. 69	68. 73
603027. SH	千禾味业	9. 30	12. 22	31. 45	1. 61	2. 68	65. 98
600678. SH	四川金顶	2. 32	1. 80	-22. 55	0. 29	0. 48	65. 83
002366. SZ	台海核电	4. 10	3. 29	-19. 90	-1. 95	-3. 20	64. 43
603809. SH	豪能股份	6. 46	7. 93	22. 76	1. 03	1. 66	60. 29
002272. SZ	川润股份	6. 02	9. 18	52. 40	0. 40	0. 62	54. 51
000876. SZ	新希望	569. 17	747. 88	31. 40	42. 90	65. 31	52. 23
002497. SZ	雅化集团	23. 64	22. 13	-6. 41	1. 76	2. 67	52. 17
688311. SH	盟升电子	1. 21	1. 72	42. 00	0. 30	0. 45	48. 13
600438. SH	通威股份	280. 25	316. 78	13. 04	27. 09	39. 92	47. 36
688513. SH	苑东生物	6. 78	6. 73	-0. 80	1. 02	1. 43	39. 79
688528. SH	秦川物联	1. 57	2. 10	33. 74	0. 28	0. 39	38. 10
300432. SZ	富临精工	10. 47	12. 13	15. 92	2. 29	3. 07	33. 86
600603. SH	广汇物流	11. 80	16. 25	37. 77	3. 55	4. 72	33. 00
002978. SZ	安宁股份	10. 27	12. 42	20. 90	4. 60	6. 12	32. 94
002253. SZ	川大智胜	1. 80	1. 98	10. 12	0. 27	0. 36	31. 18
002651. SZ	利君股份	4. 13	4. 98	20. 43	1. 22	1. 60	30. 40
300463. SZ	迈克生物	23. 48	25. 30	7. 74	5. 74	7. 45	29. 63
002951. SZ	金时科技	3. 78	4. 35	15. 11	1. 14	1. 46	27. 99
000510. SZ	新金路	17. 23	15. 90	-7. 69	0. 58	0. 72	23. 71
000935. SZ	四川双马	13. 43	11. 63	-13. 40	6. 29	7. 59	20. 57
002749. SZ	国光股份	7. 94	8. 66	9. 11	2. 11	2. 31	9. 12
300780. SZ	德恩精工	3. 69	3. 41	-7. 67	0. 68	0. 73	7. 29
300535. SZ	达威股份	2. 71	2. 96	9. 37	0. 34	0. 37	6. 83

表9-3(续)

证券代码	证券简称	2019年前三季度营业总收入/亿元	2020年前三季度营业总收入/亿元	营业收入同比/%	2019年前三季度营业利润/亿元	2020年前三季度营业利润/亿元)	营业利润同比/%
600702. SH	ST 舍得	18. 43	17. 63	-4. 34	4. 57	4. 81	5. 32
002946. SZ	新乳业	42. 22	46. 57	10. 32	1. 95	2. 05	5. 00
300559. SZ	佳发教育	4. 02	4. 21	4. 82	1. 68	1. 75	4. 66
002773. SZ	康弘药业	24. 10	23. 48	-2. 56	6. 49	6. 77	4. 25
000593. SZ	大通燃气	6. 40	8. 09	26. 41	0. 39	0. 40	3. 52
600466. SH	蓝光发展	278. 81	313. 76	12. 53	37. 36	38. 10	1. 98
002697. SZ	红旗连锁	58. 88	68. 09	15. 64	4. 54	4. 60	1. 41
300440. SZ	运达科技	3. 56	3. 78	6. 25	0. 78	0. 77	-0. 89
300865. SZ	大宏立	3. 89	4. 30	10. 72	0. 77	0. 74	-4. 02
300504. SZ	天邑股份	17. 12	14. 09	-17. 71	1. 32	1. 23	-6. 80
300547. SZ	川环科技	3. 76	4. 43	17. 90	0. 90	0. 83	-8. 42
002798. SZ	帝欧家居	41. 02	39. 67	-3. 30	4. 86	4. 40	-9. 39
600137. SH	浪莎股份	2. 24	1. 95	-12. 90	0. 19	0. 16	-14. 29
002818. SZ	富森美	11. 63	9. 56	-17. 80	7. 17	5. 87	-18. 03
600353. SH	旭光电子	8. 78	6. 48	-26. 22	0. 85	0. 68	-19. 70
300820. SZ	英杰电气	3. 37	2. 84	-15. 75	1. 02	0. 79	-22. 48
002357. SZ	富临运业	6. 79	4. 49	-33. 88	1. 23	0. 90	-26. 79
300733. SZ	西菱动力	3. 50	3. 42	-2. 33	0. 16	0. 12	-27. 63
300789. SZ	唐源电气	2. 00	1. 61	-19. 57	0. 59	0. 40	-31. 19
000790. SZ	华神科技	5. 24	5. 34	1. 85	0. 65	0. 42	-34. 61
002630. SZ	华西能源	24. 71	20. 86	-15. 59	0. 40	0. 26	-34. 69
002977. SZ	天箭科技	1. 87	1. 42	-24. 47	0. 72	0. 46	-36. 43
002422. SZ	科伦药业	129. 58	116. 63	-9. 99	11. 01	6. 69	-39. 27
603679. SH	华体科技	5. 25	5. 22	-0. 62	1. 04	0. 58	-44. 11
603333. SH	尚纬股份	14. 23	16. 13	13. 34	0. 92	0. 50	-46. 28
000710. SZ	贝瑞基因	11. 74	10. 88	-7. 37	3. 57	1. 83	-48. 62
300366. SZ	创意信息	9. 36	10. 99	17. 43	0. 89	0. 41	-53. 71
603077. SH	和邦生物	47. 48	38. 94	-17. 98	5. 37	2. 30	-57. 13
300467. SZ	迅游科技	3. 80	3. 60	-5. 19	1. 59	0. 66	-58. 33
300414. SZ	中光防雷	2. 97	2. 92	-1. 64	0. 47	0. 15	-68. 92

表9-3(续)

证券代码	证券简称	2019年前三季度营业总收入/亿元	2020年前三季度营业总收入/亿元	营业收入同比/%	2019年前三季度营业利润/亿元	2020年前三季度营业利润/亿元)	营业利润同比/%
300492. SZ	华图山鼎	1. 53	0. 86	-43. 83	0. 18	0. 05	-74. 29
300362. SZ	天翔环境	1. 87	3. 11	65. 73	-8. 39	-0. 40	-95. 27
002023. SZ	海特高新	5. 63	7. 00	24. 26	0. 50	-0. 24	-146. 71
600139. SH	西部资源	1. 15	1. 09	-4. 92	-0. 14	0. 07	-149. 24
002466. SZ	天齐锂业	37. 97	24. 27	-36. 09	7. 02	-4. 90	-169. 81
300022. SZ	吉峰科技	18. 61	19. 04	2. 32	-0. 46	0. 48	-204. 14
300434. SZ	金石亚药	6. 10	4. 84	-20. 58	0. 87	-0. 92	-204. 95
000509. SZ	* ST 华塑	0. 50	0. 34	-30. 57	0. 10	-0. 12	-220. 82
300249. SZ	依米康	7. 44	9. 31	25. 19	0. 30	-0. 64	-311. 41
600331. SH	宏达股份	18. 49	16. 22	-12. 25	0. 71	-3. 02	-528. 38
002312. SZ	三泰控股	5. 69	37. 69	562. 08	-0. 83	7. 09	-955. 37
300471. SZ	厚普股份	3. 05	2. 77	-9. 33	0. 03	-0. 57	-1770. 83
600321. SH	正源股份	10. 75	4. 95	-53. 96	0. 07	-1. 55	-2345. 56

在2020年前三季度利润增速占比较高的几家企业中，鹏博士、新希望、国金证券和通威股份占比较大，其中高端制造业只有通威股份一家，其余都属于传统行业。因此，剔除这些占比较大的公司后，整体上看2020年前三季度川内民营上市公司受疫情影响较大，近50%的公司出现了利润同比下降的情况，营业利润同比下滑超过30%的公司共24家，占比30%。

根据万得数据测算，2018年，四川省民营上市公司的总资产收益率是2. 47%，净资产收益率是5. 12%。总资产收益率略高于湖北省（2. 28%），净资产收益率略低于湖北省（6. 01%），两项指标均低于河南省，河南省民营上市公司的总资产收益率是3. 73%，净资产收益率是7. 17%（见图9-2）。

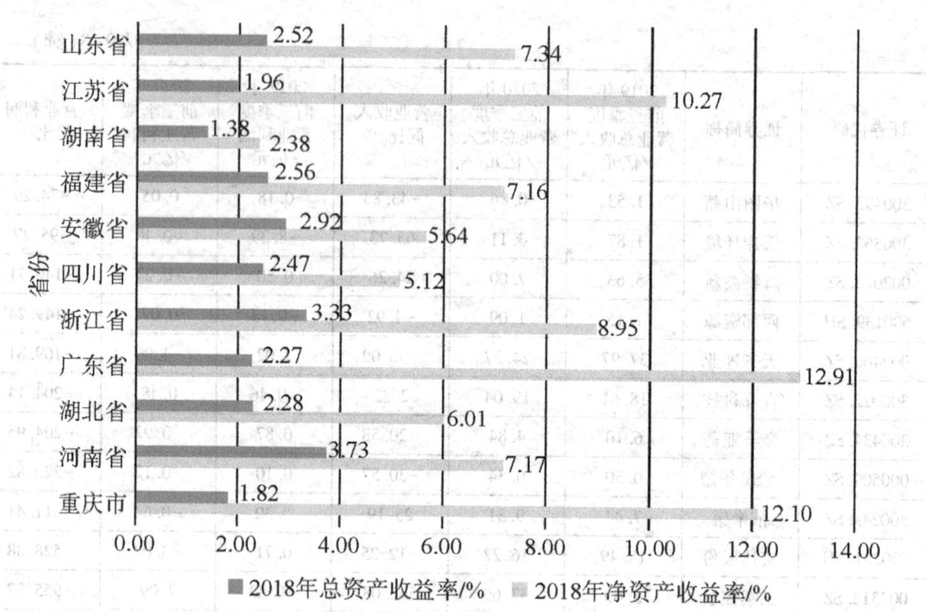

图 9-2　2018 年我国部分省份民营上市公司经营效率

截至 2020 年 3 月 31 日，四川省有民营上市公司 75 家。对比 2019 年年末的民营上市公司数，四川省是 74 家，高于湖北省和河南省，但远低于广东省、浙江省和江苏省（见图 9-3）。2020 年一季度，四川民营经济通过资本市场直接融资 99.38 亿元，同比下降 34.76%，2019 年一季度的资本市场融资额是 152.34 亿元。现阶段，四川省民营企业上市进展缓慢，不利于通过资本市场直接融资实现高速发展，也不利于川内民营企业冲击中国民营企业 500 强和世界 500 强。

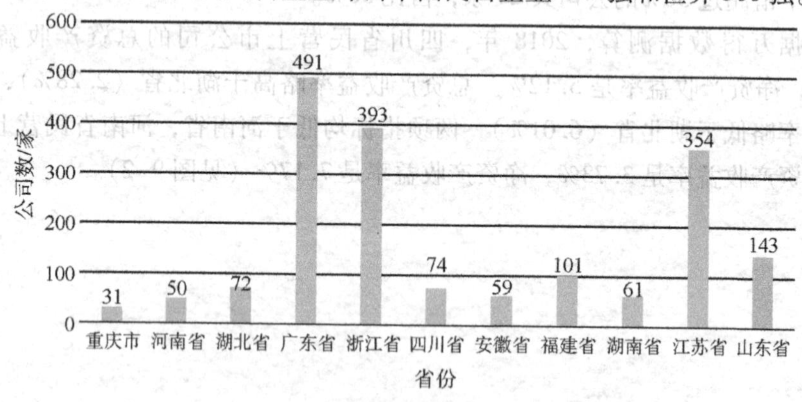

图 9-3　民营上市公司数（截至 2019 年年底）

截至 2020 年 3 月 31 日，四川省民营上市公司市值达到 6 744. 15 亿元（见图 9-4），是 2013 年一季度末市值的 3. 45 倍。但是，自 2015 年四季度以来，受大盘表现影响，市值处于盘整当中，尚未超过 2015 年的高点。这也说明，增量民营企业上市没有取得突破。

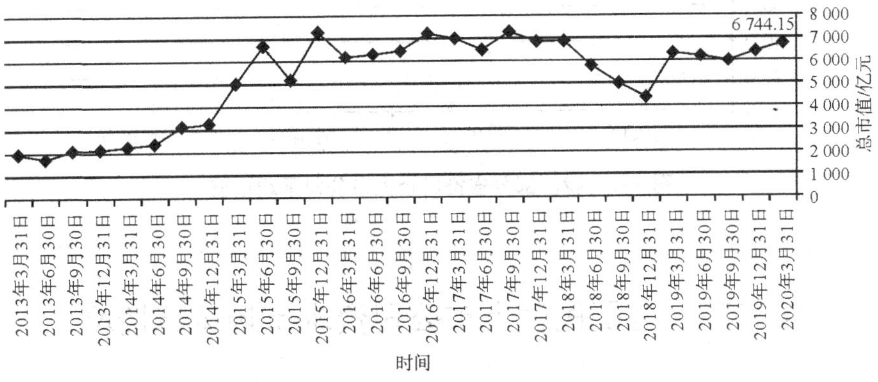

图 9-4　四川省民营上市公司总市值

截至 2019 年年底，四川省民营上市公司的总市值是 6 418. 27 亿元，低于湖北省（8 142. 43 亿元）和河南省（7 231. 95 亿元）。这说明，四川省民营上市公司的平均市值要低于湖北省和河南省（见图 9-5 和图 9-6）。

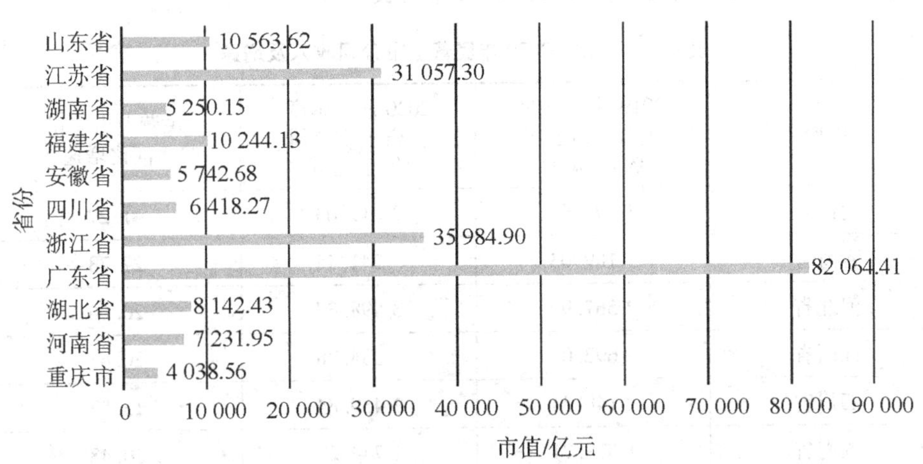

图 9-5　2019 年年底我国部分省份民营上市公司总市值

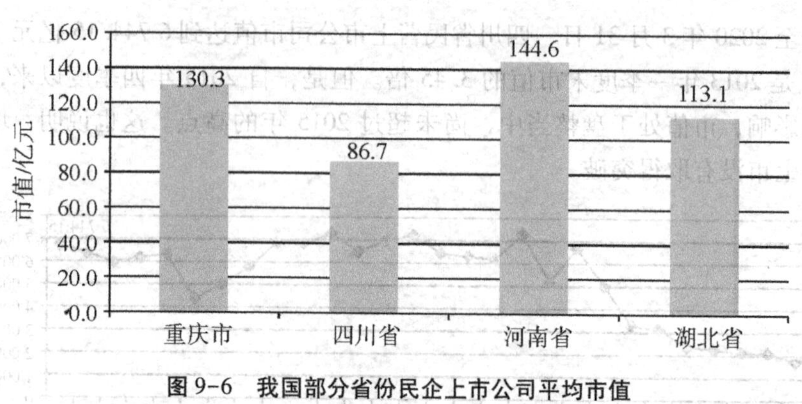

图 9-6　我国部分省份民企上市公司平均市值

第二节　全国民营上市公司资本市场运行情况

2020 年，中国经济遭遇新冠疫情的强烈冲击，承受了巨大压力。在全国各省的民营上市公司中，四川省民营上市公司在疫情后的经济恢复进程中领先于全国。具体而言，其企业收入指标排名全国第五，这说明虽然企业在疫情期间遭受了短期影响，但是后期复苏情况良好，具体见表 9-4。

表 9-4　2019—2020 年民营上市公司收入及增速

省份	2019 前三季度民营上市公司收入/亿元	2020 前三季度民营上市公司收入/亿元	民营上市公司收入同比增速/%
河南省	1 995. 43	2 819. 03	41. 27
青海省	189. 03	241. 44	27. 73
河北省	2 567. 9	3 098. 38	20. 66
江西省	692. 04	834. 78	20. 63
四川省	2 148. 34	2 439. 84	13. 57
湖南省	1 578. 71	1 744. 23	10. 48
西藏自治区	242. 49	259. 59	7. 05
内蒙古自治区	1 791. 72	1 909. 05	6. 55

表9-4(续)

省份	2019 前三季度 民营上市公司 收入/亿元	2020 前三季度 民营上市公司 收入/亿元	民营上市公司 收入同比增速/%
浙江省	12 100. 18	12 844. 25	6. 15
重庆市	1 399. 72	1 472. 94	5. 23
安徽省	1 937. 33	2 031. 45	4. 86
广东省	30 908. 31	32 334. 72	4. 61
山东省	4 360. 94	4 540. 74	4. 12
福建省	3 638. 58	3 783. 03	3. 97
湖北省	3 078. 9	3 182. 54	3. 37
江苏省	11 196. 7	11 473. 25	2. 47
陕西省	578. 95	591. 78	2. 22
贵州省	407. 36	411. 61	1. 04
辽宁省	3 183. 43	3 205. 6	0. 70
广西壮族自治区	912. 40	918. 33	0. 65
云南省	328. 79	330. 92	0. 65
宁夏回族自治区	196. 35	190. 79	-2. 83
山西省	458. 63	426. 92	-6. 91
黑龙江	351. 75	326. 35	-7. 22
甘肃省	348. 89	299. 23	-14. 23
新疆维吾尔自治区	1 079. 45	898. 82	-16. 73
海南省	261. 61	207. 23	-20. 79
吉林省	313. 59	226. 99	-27. 62

同样地，从利润指标来看，总体上看 2020 年前三季度四川省民营上市公司利润同比恢复情况也排名靠前，排名全国第六位（见表 9-5）。

表 9-5　2020 年前三季度四川省民营上市公司利润恢复情况

省份	2019 年前三季度民营上市公司净利润/亿元	2020 年前三季度民营上市公司营业利润/亿元	营业利润同比增速/%
河南省	199. 84	480. 35	102. 12
江西省	52. 16	123. 23	89. 67
陕西省	30. 28	79. 27	81. 90
湖南省	87. 59	180. 22	58. 71
宁夏回族自治区	22. 17	38. 70	36. 41
四川省	187. 32	293. 53	29. 22
海南省	5. 50	15. 35	25. 92
广西壮族自治区	43. 80	64. 67	19. 87
浙江省	1 080. 16	1 528. 38	18. 28
贵州省	16. 56	26. 51	17. 46
辽宁省	159. 47	237. 51	14. 31
山东省	346. 21	461. 15	14. 17
河北省	242. 74	345. 00	5. 47
重庆市	173. 12	222. 52	3. 19
黑龙江	-12. 60	-8. 12	2. 27
西藏自治区	39. 38	46. 16	1. 85
湖北省	245. 38	312. 46	1. 83
安徽省	157. 35	189. 20	1. 72
广东省	3 184. 42	3 715. 49	-0. 67
福建省	315. 08	342. 82	-10. 21
江苏省	908. 74	999. 57	-10. 54
吉林省	28. 05	33. 91	-12. 69
山西省	22. 78	23. 16	-26. 87
甘肃省	33. 08	28. 34	-32. 78

表9-5(续)

省份	2019 年前三季度民营上市公司净利润/亿元	2020 年前三季度民营上市公司营业利润/亿元	营业利润同比增速/%
云南省	33. 39	27. 8	-34. 93
青海省	9. 53	7. 05	-39. 95
新疆维吾尔自治区	86. 59	-11. 12	-110. 77
内蒙古自治区	141. 73	-225. 79	-224. 24

从表 9-4 和表 9-5 中可以看到，2020 年浙江省、江苏省、广东省等发达地区民营企业都遭受了比较大的压力，在疫情后其恢复速度都比较慢。但同时我们也发现另一个现象，这些地区的民营企业在面临收入和利润压力的情况下，其对未来研发投入的增速不降反增，这充分说明其在面对我国经济转型进程中展现出坚定的决心和强大的力度（见表 9-6）。

表 9-6　民营企业研发费用投入情况

省份	2019 年前三季度研发费用/亿元	2020 年前三季度研发费用/亿元	研发费用同比增速/%	研发占收入比重/%
安徽省	64. 55	71. 01	10. 01	3. 50
浙江省	391. 48	425. 41	8. 67	3. 31
西藏自治区	5. 61	8. 04	43. 32	3. 10
湖南省	43. 75	45. 17	3. 25	2. 59
江苏省	272. 46	293. 24	7. 63	2. 56
山东省	93. 72	113. 99	21. 63	2. 51
吉林省	6. 19	5. 57	-10. 02	2. 45
海南省	4. 24	5. 01	18. 16	2. 42
广东省	695. 16	773. 63	11. 29	2. 39
福建省	83. 76	86. 54	3. 32	2. 29
甘肃省	5. 88	5. 90	0. 34	1. 97

表9-6(续)

省份	2019 年前三季度研发费用/亿元	2020 年前三季度研发费用/亿元	研发费用同比增速/%	研发占收入比重/%
江西省	13.96	15.48	10.89	1.85
四川省	39.89	45.03	12.89	1.85
黑龙江	6.61	5.79	-12.41	1.77
河南省	45.65	47.46	3.96	1.68
湖北省	38.60	51.94	34.56	1.63
重庆市	22.23	23.86	7.33	1.62
陕西省	6.92	7.91	14.31	1.34
青海省	2.80	3.14	12.14	1.30
河北省	35.67	39.64	11.13	1.28
新疆维吾尔自治区	9.49	10.83	14.12	1.20
广西壮族自治区	9.18	10.74	16.99	1.17
山西省	4.72	4.72	0.00	1.11
内蒙古自治区	15.83	16.95	7.08	0.89
辽宁省	26.33	26.28	-0.19	0.82
贵州省	3.65	3.11	-14.79	0.76
宁夏回族自治区	0.67	1.15	71.64	0.60
云南省	1.54	1.92	24.68	0.58

如表 9-6 所示，即使在疫情期间收入和利润承压，浙江、江苏、广东等发达省份在研发投入上依旧没有放松，还在维持较快增长。在整体研发收入占比这一指标上，四川排名第 13 位，还需要进一步强化。

同时，随着国家经济逐步转型和注册制的推出，创新型经济和高科技企业越来越多地通过直接融资来实现自身的发展。由于国内资本市场面向全国乃至全球，直接融资较多的省份对其他省份而言就有一定的挤出效应。

截至 2020 年 11 月 16 日，2020 年全国民营企业通过 IPO 及定增等方式进行融资总额达到 4 367.05 亿元。其中，四川地区民营上市公司通过 IPO 及定增方式实现融资额 132.64 亿元，位于全国第九名（见表 9-7）。

表 9-7 2020 年全国民营企业通过 IPO 及定增情况

省份	截至 2020 年 11 月 16 日 民营企业 IPO 数量排名	IPO 募资总额 /亿元	IPO+定增 直接融资加总 /亿元
浙江省	48	292.44	1 012.88
广东省	47	394.56	942.03
江苏省	49	401.66	576.51
福建省	11	105.06	343.61
湖北省	8	58.19	224.29
河北省	1	4.17	192.97
河南省	5	26.72	155.52
湖南省	9	100.79	137.16
四川省	9	75.61	132.64
江西省	9	112.52	131.57
山东省	11	82.14	118.97
安徽省	13	81.89	104.13
陕西省	3	47.93	50.94
云南省	0	0.00	50.00
重庆市	2	7.28	48.90
广西壮族自治区	0	0.00	28.20
黑龙江	1	9.39	19.39
甘肃省	0	0.00	16.00
海南省	1	2.08	13.49
贵州省	1	2.99	12.09
西藏自治区	1	11.99	11.99
吉林省	1	11.44	11.44
新疆维吾尔自治区	1	8.89	9.92

表9-7(续)

省份	截至 2020 年 11 月 16 日 民营企业 IPO 数量排名	IPO 募资总额 /亿元	IPO+定增 直接融资加总 /亿元
山西省	2	8.27	9.67
辽宁省	1	6.46	7.64
内蒙古自治区	0	0.00	5.10
宁夏回族自治区	0	0.00	0.00
青海省	0	0.00	0.00
合计	234	1 852.50	4 367.05

总体来看，四川地区民营上市公司传统企业居多，创新型、高端制造和高科技企业偏少。民营上市公司收入占比、市值占比及证券化率都有待提升。建议政府可以制定相关鼓励政策，培育和鼓励新兴产业上市和融资，充分利用资本市场的力量来更快地发展自己，实现四川经济的转型升级。

第十章 2020 年达州市民营经济发展报告

2020 年，在四川省委、省政府，达州市委、市政府的坚强领导下，达州市民营经济克服了新冠疫情的不利局面，保持较强韧性，全市民营经济整体运行良好，呈现出“56789”的基本特征，贡献了 54.6%的投资、60%的地区生产总值、73.44%的税收、89.01%的就业、97.9%的市场主体；民营经济发展指数列四川省第二位。2020 年达州市民营经济的发展状况及相关指数如下：

第一节 民营经济运行基本面良好

（一）民营经济增加值增长 3.5%

2020 年，达州全市实现民营经济增加值 1 270.46 亿元，增速为 3.5%（全省是 2.9%）。民营经济增加值占地区生产总值比重为 60%（全省是 54.6%）。民营经济对经济增长的贡献率为 57.08%（全省是 41.67%）。达州市民营经济增加值增速弱于地区生产总值增速（4.1%），但高于全省民营经济增加值增速（2.9%）（见图 10-1）。

分产业看，第一产业实现民营经济增加值 106.25 亿元，增速为 5.5%（全省是 6.4%）；第二产业实现民营经济增加值 522.18 亿元，增速为 4.2%（全省是 2.9%），其中，工业增加值为 307.93 亿元，增速为 4.7%（全省是 3.1%），建筑业增加值为 214.58 亿元，增速为 3.4%（全省是 2.0%）；第三产业实现民营经济增加值 642.03 亿元，增速为 2.5%（全省是 2.3%）。达州市民营经济三次产业结构比为 8.36∶41.1∶50.54（全省是 7.12∶49.22∶43.66），达州市民营经济第一、第三产业占比高于全省，第二产业占比低于全省（见图 10-2）。

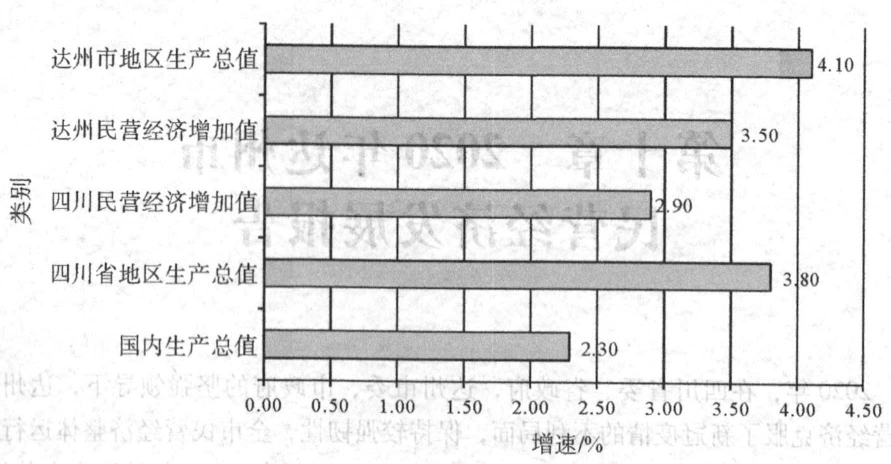

图 10-1　2020 年增加值增速对比

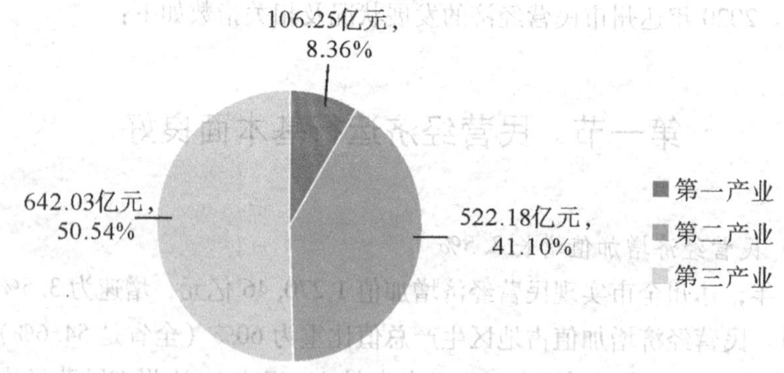

图 10-2　达州市三次产业民营经济增加值及占比

从区（市、县）民营经济增加值总量上看，宣汉县（228.37 亿元）位居第一，大竹县（224.92 亿元）位居第二，渠县（220.76 亿元）位居第三。从增速上看，全部区（市、县）呈现正增长，宣汉县（5.0%）位居第一，高新区（4.7%）位居第二，通川区（3.7%）、渠县（3.7%）并列第三。从民营经济增加值占地区生产总值比重上看，高新区（72.9%）、渠县（63.6%）、通川区（61.2%）排前三位；从民营经济对经济增长的贡献率上看，高新区（63.41%）、通川区（60.02%）、渠县（58.85%）排前三位（见表 10-1）。

表 10-1　达州区（市、县）民营经济增加值、增速、占比及对经济增长的贡献率

地区	民营经济增加值/亿元	增速/%	占地区生产总值比重/%	民营经济对经济增长的贡献率/%
四川省	26 532. 93	2. 9	54. 6	41. 67
达州市	1 270. 46	3. 5	60. 0	57. 08
通川区	208. 48	3. 7	61. 2	60. 02
达川区	175. 23	1. 7	58. 3	54. 10
万源市	79. 02	3. 1	58. 9	55. 38
宣汉县	228. 37	5. 0	57. 1	57. 85
开江县	87. 88	3. 4	60. 8	58. 13
大竹县	224. 92	3. 2	58. 1	54. 23
渠县	220. 76	3. 7	63. 6	58. 85
高新区	46. 10	4. 7	72. 9	63. 41

（二）民间投资增速表现优异

2020 年，达州全市民间投资同比增长 22. 6%（全省是 4. 7%），民间投资占全社会投资的比重为 54. 6%（全省是 46. 4%）（见图 10-3）。从区（市、县）民间投资增速来看，只有万源市（-3. 3%）增速为负，其余区（市、县）都实现了正增长；宣汉县（44. 9%）、渠县（44. 7%）、高新区（37. 1%）排在前三位。从民间投资占全社会投资的比重来看，渠县（85. 2%）、大竹县（71. 6%）、通川区（53. 4%）排在前三位（见表 10-2）。达州市的民间投资增速远远超过全省、全国水平，成为达州市经济增长的强劲动力。

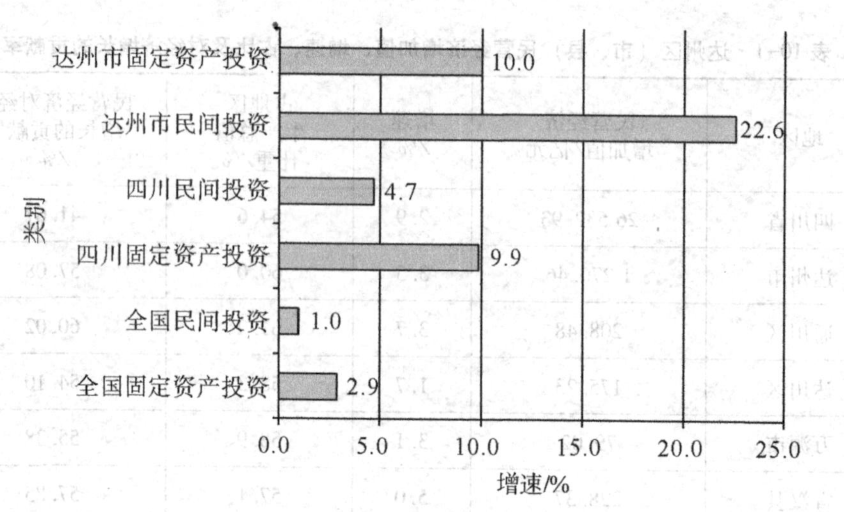

图 10-3 2020 年投资增速对比

表 10-2 达州市民间投资增速及占比

地区	民间投资增速/%	位次	民间投资占全部投资比重/%	位次
四川省	4.7		46.4	
达州市	22.6		54.6	
通川区	7.1	7	53.4	3
达川区	7.8	6	36.2	6
万源市	-3.3	8	23.6	8
宣汉县	44.9	1	50.2	4
开江县	16.5	4	47.7	5
大竹县	8.6	5	71.6	2
渠县	44.7	2	85.2	1
高新区	37.1	3	30.0	7

（三）民营经济贡献 97.9%的市场主体

截至 2020 年 12 月末，达州全市实有民营经济市场主体 24.16 万户，同比增长 24.8%，比全省增速（13.44%）高出 11.36 个百分点；占全部市场主体数的 97.9%，比全省占比（97.45%）高出 0.45 个百分点（见表 10-3）。其中，私营企业 4.88 万户，同比增长 16.9%，占民营经济市场主体的 20.2%；个体工商户

18.75 万户，同比增长 28.8%，占民营经济市场主体的 77.7%；农民专业合作社 0.50 万户，同比下降 33.6%，占民营经济市场主体的 2.1%（见图 10-4）。2020 年，全市新增民营经济市场主体 4.01 万户，占新增市场主体数的 98.5%（全省是 98.11%）。其中，私营企业新增 0.94 万户，占新增市场主体数的 23.4%；个体工商户新增 3.03 万户，占新增市场主体数的 75.7%；农民专业合作社新增 0.03 万户，占新增市场主体数的 0.9%。全市民营经济市场主体保持快速增长，表现好于全省，但农民专业合作社总量下降，值得关注。

表 10-3 2020 年达州市民营经济市场主体总量、占比及增速

地区	总量/户	位次	增速/%	位次	占比/%	位次
达州市	241 608		24.8		97.9	
通川区	41 451	2	18.6	4	97.8	6
达川区	40 055	3	1.8	6	97.8	6
万源市	24 860	6	14.0	5	98.0	4
宣汉县	41 524	1	38.3	2	98.6	1
大竹县	32 517	5	70.5	1	98.3	3
渠县	36 690	4	35.9	3	98.4	2
开江县	18 586	7	-7.3	8	98.0	4
高新区	2 121	8	-4.3	7	93.4	8

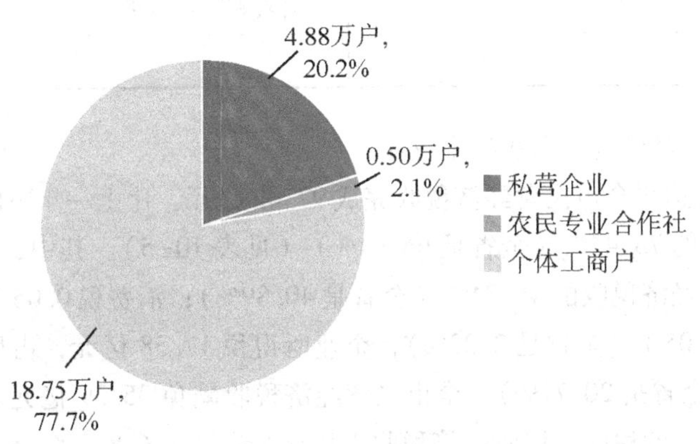

图 10-4 2020 年民营经济市场主体及占比

2020年，四川省民营企业100强入围营收门槛为年营业收入17.15亿元，比上一年增加3.84亿元，达州市入围四川省民营企业100强的企业数量只有1家，且属于市本级，南充市有2家，见表10-4。达州市没有民营企业进入“中国民营企业500强”榜单（全省有12家）。截至2020年年末，达州市拥有规模以上民营工业企业727户，年度新增136户，有资质等级民营建筑业企业265户，有限额以上民营批零住餐企业512户，有国家重点民营服务业企业455户，有建立现代企业制度民营企业209户。

表10-4 四川民营企业100强市（州）分布情况

市（州）	民营企业数/家	地区	民营企业数/家
成都市	47	南充市	2
德阳市	7	阿坝藏族羌族自治州	1
绵阳市	6	巴中市	1
遂宁市	6	达州市	1
广安市	5	凉山彝族自治州	1
泸州市	4	眉山市	1
宜宾市	4	内江市	1
自贡市	4	资阳市	0
乐山市	3	广元市	0
攀枝花市	3	甘孜藏族自治州	0
雅安市	3		

（四）民营经济贡献七成以上税收

2020年，达州全市民营经济税收完成97.09亿元，比上一年下降2.79%，占全市税收总额的73.44%（全省是66.64%）（见表10-5）。其中，增值税47.32亿元，占民营经济税收的48.74%（全省是40.89%）；消费税0.05亿元，占民营经济税收的0.05%（全省是2.23%）；企业所得税17.58亿元，占民营经济税收的18.11%（全省是20.71%）。全市民营经济税收减免35.39亿元。达州民营经济贡献七成以上的税收，民营经济税收占比比全省高出6.8个百分点。

表 10-5　达州市民营经济税收情况

地区	总量/亿元	增速/%	占比/%
达州市	97.09	-2.79	73.44
通川区	27.88	121.97	89.62
达川区	12.95	-0.38	71.70
万源市	5.07	-12.89	84.22
宣汉县	12.50	11.81	62.78
大竹县	12.49	-7.96	88.52
渠　县	9.00	-13.88	81.45
开江县	2.60	-25.93	76.25
达州高新区	14.6	70.16	53.72

（五）民营经济贡献八成以上就业

截至 2020 年年末，达州全市城镇就业登记人数为 27.48 万人，其中，民营经济就业登记人数为 24.46 万人，占全市城镇就业登记人数的 89.01%（全省是 81.92%）。2020 年，全市城镇新增就业 40 084 人，其中，民营经济吸纳城镇新增就业 37 587 人，占全市城镇新增就业人数的 93.77%（全省是 91.31%）。达州市民营经济贡献八成以上就业和九成以上的新增城镇就业，且就业贡献高于全省。

（六）民营企业进出口表现优于全省水平

2020 年，达州市民营企业实现进口额 3.35 亿元，同比增长 607.1%，远高于全省民营企业进口增速（7.7%），占全市进口总额的 100%。民营企业实现出口额 23.25 亿元，同比增长 19.6%，比全省民营企业出口增速（13.1%）高出 6.5 个百分点；占全市出口总额的 100%。有外贸实绩的民营企业数达到 54 户。达州民营企业进出口强劲增长，表现优于全省进出口，全市进出口全部来自民营经济。

（七）科技创新型民营企业较快增长

截至 2020 年 12 月末，达州全市拥有民营科技型中小企业 263 家，同比增长 21.20%（见表 10-6），比全省增速（33.42%）低 12.22 个百分点。全市拥有民营高新技术企业 95 家，同比增长 43.94%，接近全省增速（44.69%）（见表 10-7）。

达州市民营经济科技创新较为活跃，有助于疫情防控下的产业转型和适应经济社会环境变化，但其增速仍落后于全省增速。

表 10-6　达州市科技型中小企业分布情况

地区	总量/家	增速/%	占比/%
达州市	263	21.20	100.00
通川区	68	21.43	25.86
达川区	28	-12.50	10.65
万源市	26	13.04	9.88
宣汉县	35	66.67	13.31
大竹县	34	25.93	12.93
渠县	21	40.00	7.98
开江县	26	23.81	9.88
高新区	25	13.64	9.51

表 10-7　达州市高新技术企业分布情况

地区	总量/家	增速/%	占比/%
达州市	95	43.94	100.00
通川区	17	70.00	17.89
达川区	4	33.33	4.21
万源市	7	75.00	7.37
宣汉县	9	50.00	9.47
大竹县	18	38.46	18.95
渠县	13	0.00	13.68
开江县	7	75.00	7.37
高新区	20	53.85	21.05

第二节 营商环境持续优化

2021年1月抽样问卷调查显示，98.46%的受访民营企业处于正常经营状态。21.03%的受访民营企业经营恢复到疫情前的100%及以上，31.79%的受访民营企业恢复到80%~100%。36.92%的受访民营企业用电量比去年增加，40.51%的受访民营企业用电量持平。31.79%的受访民营企业用工量比上一年增加，45.13%的受访民营企业用工量持平。28.72%的受访民营企业营业收入比上一年增加，25.13%的受访民营企业营业收入持平。民营企业从疫情不利局面中基本恢复正常经营，这得益于全市上下的共同努力。

（一）金融支持有力

截至2020年12月末，达州全市民营经济贷款余额为782亿元，同比增长14.79%（全省是10.37%）；占总贷款余额的40.11%（全省是20.8%）。其中，民营企业贷款余额达到528.8亿元，同比增长20.45%（全省是8.47%），占总贷款余额的27.12%（全省是16.48%）。个体工商户贷款余额达到161.53亿元，占总贷款余额的8.29%（全省是4.31%）。新增贷款额中民营经济占比为42.6%（全省是16.59%）。有贷款余额的民营企业达到64 685户。对单户授信总额1 000万元以下的小微企业贷款余额55.71亿元，加权平均利率为5.74%（全省平均为5.62%）。截至12月末，全市拥有融资担保公司21户，实现担保余额22.81亿元，民营企业贷款平均担保费率为1.75%（全省是2.73%）。全市拥有小额贷款公司15户。全市民营上市公司1家，市值19.09亿元；民营企业资本市场直接融资额2.05亿元。

（二）财政扶持逐渐增强

2020年，全市政府采购合同授予中小微企业的金额是32.62亿元，同比增长83.36%（全省是33.59%），占政府采购规模的9.68%（全省是87.28%）。全年民营资本参与PPP项目库7个项目，项目参与率达到25.93%（全省是36.39%）。市级产业发展资金用于民营经济的金额为1.86亿元，占比达到85.10%。

（三）权益保护有力

2020年，达州市一审民事、刑事、行政涉民营企业立案数为6 863件，涉案金额为54.9亿元，一审民事、刑事、行政涉民营企业案件审结数为6 785件，审结立案比为98.86%，比全省审结立案比（84.84%）高出14.02个百分点。一审涉民营企业案件审结平均时长为30天，远低于全省（1.71个月）水平。减免涉民营企业处罚案件63件，占涉民营企业处罚案件数的94%。全市维权数482件。达州市民营经济权益保护有力，有效支撑民营经济平稳运行。

（四）发展环境不断改善

截至12月末，达州全市民营经济共有基层党组织510个，有共产党员7 003名。达州市营商环境指数是66.75，居全省第16位。全市高速公路里程数为547千米。全市高等院校数量是3所。全市规模以上工业民营企业用电量为65亿千瓦时。

第三节　达州市民营经济发展指数

2020年，达州市民营经济发展指数为67.76[①]。其中，通川区的民营经济发展指数为73.69，排全市第一位，渠县（72.67）、大竹县（71.77）分别列第二、三位。发展主体分指数排前三位的分别是大竹县、宣汉县、渠县。发展环境分指数排前三位的分别是达川区、通川区、大竹县。发展动能分指数排前三位的分别是渠县、通川区、大竹县。发展水平分指数排前三位的分别是渠县、宣汉县、通川区。发展绩效分指数排前三位的分别是通川区、宣汉县、大竹县（见表10-8）。2020年，在四川省民营经济发展指数中，达州市综合得分为71.73分，居全省第2位，发展动能分指数位居全省第1。

表10-8　2020年达州市民营经济发展指数

地区	排名	综合指数	发展主体	发展环境	发展动能	发展水平	发展绩效
通川区	1	73.69	83.57	67.77	71.41	79.34	66.34
渠县	2	72.67	85.73	60.55	76.56	79.57	60.94
大竹县	3	71.77	91.46	60.76	68.74	74.69	63.21

① 注：该数据取达州市内各区（市、县）经济发展指数的平均值。

表10-8(续)

地区	排名	综合指数	发展主体	发展环境	发展动能	发展水平	发展绩效
宣汉县	4	71.47	87.97	56.06	68.05	79.44	65.85
达川区	5	66.65	79.60	68.19	53.72	70.89	60.82
开江县	6	63.37	70.33	56.57	60.69	72.24	57.04
高新区	7	61.97	63.72	48.80	64.21	76.45	56.66
万源市	8	60.52	76.94	53.06	48.58	68.94	55.06
达州市		67.76	79.91	58.97	63.99	75.20	60.74

第四节　主要问题及困难

（一）领军民营企业发展不足

达州市的领军民营企业发展不足，缺乏引领带动作用强的“头雁”。入选四川省民营企业100强的企业在达州市只有1家，且该市没有民营企业进入中国民营企业500强的榜单，民营上市企业只有1家，这与达州市民营经济增加值排全省第6位的地位不符。

（二）财政扶持民营经济有较大提升空间

有关数据显示，2020年全市政府采购合同授予中小微企业的占比（9.68%）远低于全省水平（87.28%）。民营资本参与PPP项目库参与率（25.93%）也低于全省水平（36.39%）。科技型中小企业和民营高新技术企业的增速均低于全省水平增速。这说明，达州市的财政扶持力度还有较大提升空间，要充分发挥政府资金的引导作用。

（三）部分指标得分低于全省平均分

有关数据显示，达州市民营经济主体总量指标得分比全省平均分低1.23；政府采购授予中小微企业金额指标得分比全省平均分低5.29；政府采购授予中小微企业比例指标得分比全省平均分低15.71；高校数量指标得分比全省平均分低2.26；营商环境指标得分比全省平均分低2.92；民营经济登记就业人数指标得分比全省平均分低 0.99；四川民营企业 100 强的户数指标得分比全省平均分低 0.25。其他指标均高于全省平均分。

（四）制约民营企业生产经营的因素

民营企业问卷调查结果显示，制约民营企业生产经营最主要的因素是劳动力价格上涨，资金紧张、资金周转困难，原材料价格上涨，市场需求下滑，税费、社保费用高等（见图 10-5）。

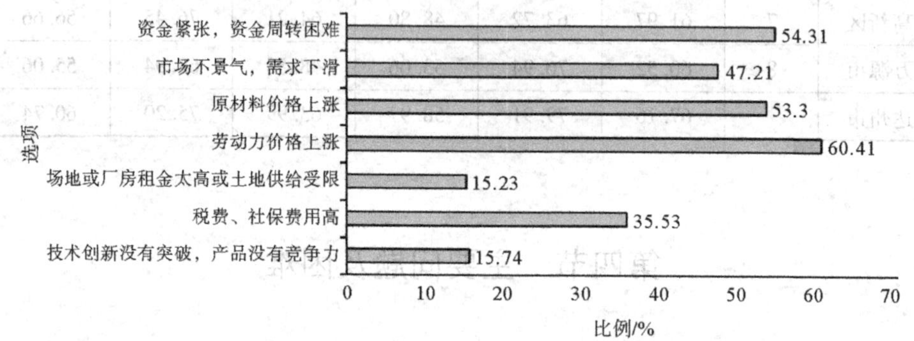

图 10-5 制约达州市民营企业生产经营的因素

民营企业对延续减税降费政策，提供金融支持、降低融资成本，减免社保费用，优化营商环境、提高政府服务效率，控制要素端成本上升有较大诉求（见图 10-6）。

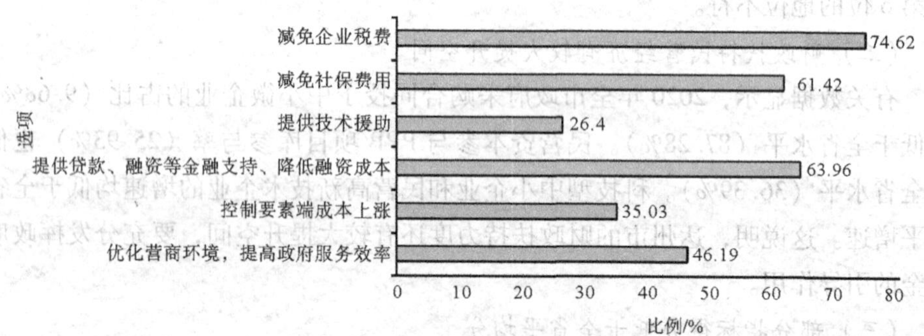

图 10-6 达州市民营企业的诉求

（五）政策普惠性有待增强

民营企业问卷调查结果显示，47.72%的受访民营企业表示成功申请到银行贷款，26.90%的受访民营企业反映申请了贷款但没有成功（见图10-7）。31.98%的受访民营企业表示没有从省市缓解企业生产经营困难的政策措施中获得实惠（见图10-8）。

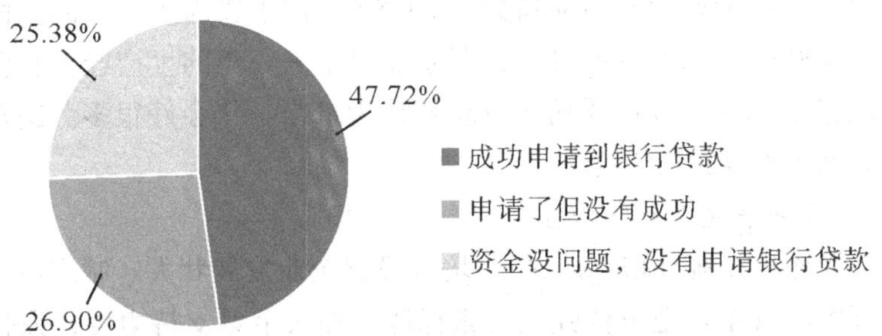

图10-7　民营企业申请银行贷款情况

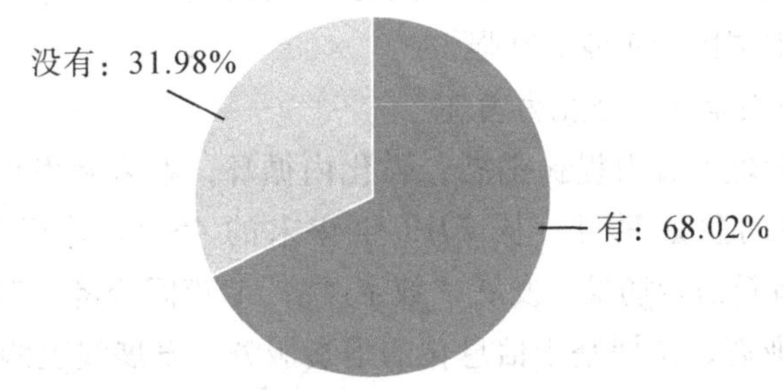

图10-8　“有没有从省市缓解企业生产经营困难政策措施中获得实惠”

第五节　对策建议

（一）深度融入“成渝地区双城经济圈”

借助国家实施成渝地区双城经济圈建设这一机遇，主动融入成渝大市场，瞄准重庆市、成都市的产业强点和科技创新，协同优化国土空间布局，打造产业配套基地和制造业集群，打造特色旅游，共建旅游环线。引导民营企业参与基础设施互联互通、公共服务共建共享等重大项目建设。

（二）提振民营经济信心

截至2020年12月末，中国制造业采购经理人指数、非制造业商务活动指数和综合PMI产出指数分别为51.9%、55.7%和55.1%，连续10个月保持在荣枯线以上。12月，服务业商务活动指数为54.8%，位于较高景气区间。民营企业问卷调查结果显示，46.15%的受访民营企业对未来一年的生产经营和营收情况持相对乐观态度，26.67%的受访民营企业认为未来一年会好很多。民营经济的信心提升有利于恢复其景气度。

（三）强化民营企业雁阵培育

实施“领军民企雁阵培育计划”，培育民营企业发展壮大。制定或完善培育政策，对领军民营企业全方位强化要素保障，加大金融支持力度，强化科技帮扶，夯实人才支撑，优化政务服务体系。助力企业开展资本运作，培育优势民营企业实现进位晋级，引导其挂牌上市。推动更多民营企业上市融资，冲击四川民营企业100强、中国民营企业500强。

（四）着力提振消费，强化内循环

加强需求侧管理，着力提振消费，强化内循环，融入新发展格局。2020年城镇储户储蓄倾向急速攀升，从2019年年末的45.7%升至2020年年末的51.4%。建议打造新消费场景，发展“数字经济”“夜间经济”“赛事经济”“宅经济”等新消费业态，拓展基于信息化的消费服务，发展线上购物、直播带货、在线诊疗、在线教育、共享经济等新消费模式。

（五）持续优化县域营商环境

民营经济是县域经济的主战场，而优化营商环境则是民营经济发展的“先手棋”。只有营造良好的营商环境，才能有效吸引投资，才会实现产业的成长。建议制定政策优化县域营商环境，着力提升服务效能、激发企业活力、强化要素吸引、推进基础设施领先、构建生态友好社会。着力解决中小企业融资难的问题。

附录 A

促进民营经济健康发展相关政策

《中共中央 国务院关于营造更好
发展环境支持民营企业改革发展的意见》

《中共四川省委 四川省人民政府
关于促进民营经济健康发展的意见》

《四川民营企业雁阵培育
五年行动计划（2020—2024 年）》

《四川省民营企业家梯队建设
五年行动计划（2020—2024 年）》

附录 B

四川省民营企业发展案例

四川省乐山市福华农科投资集团

成都京东世纪贸易有限公司

四川省川威集团有限公司

四川坤嘉混凝土有限公司

附录 C

一、2020 年上半年度四川省民营经济发展指数指标体系、权重及算法

表 C1　2020 年上半年度四川省民营经济发展指数指标体系

一类指标	序号	二类指标	单位	权重
发展主体	1	民营经济市场主体总量	万户	20/3
	2	民营经济市场主体占比	%	20/3
	3	民营经济市场主体增速	%	20/3
发展环境	4	民营企业贷款占总贷款余额比重	%	3
	5	民营经济贷款余额	亿元	3
	6	政府采购授予中小微企业	指数	3
	7	民营经济参与 PPP 项目	指数	3
	8	域内高等院校数量	所	2
	9	营商环境	指数	6
发展动能	10	民间投资增速	%	5
	11	民间投资占比	%	5
	12	民营高新技术企业数	户	5
	13	民营科技型中小企业数	户	5
发展水平	14	民营经济增加值	亿元	20/3
	15	民营经济增加值增速	%	20/3
	16	民营经济增加值占地区生产总值比重	%	20/3

表C1(续)

一类指标	序号	二类指标	单位	权重
发展绩效	17	民营经济登记就业人数	万人	5
	18	民营经济税收总额	亿元	5
	19	四川民企 100 强户数	户	5
	20	民营上市公司数量	户	5

对每个二类指标进行标准化处理，设置每一个指标的权重，加权算术平均得到一类指标分指数，一类指标分指数算术平均得到市州综合得分。市州综合得分算术平均得到四川省民营经济发展指数。

测算参考世界银行发展指数的“双限”计分方法，即设置上限值和下限值。对发展规模类指标做对数线性变换，以反映边际递减效应。得分计算公式为：

$$DF = x_0 + \frac{x - x_{min}}{x_{max} - x_{min}} \times 100$$

式中，x_0、x_{max}、x_{min}分别为该项指标基础得分、上限值和下限值。

二、2020 年度四川省民营经济发展指数指标体系、权重及算法

表 C2　四川省民营经济发展指数指标体系

分类	序号	指标名称	权重
发展主体（20%）	1	民营经济主体总量	20/3
	2	民营经济市场主体占比	20/3
	3	民营经济市场主体增速	20/3
发展环境（20%）	4	民营经济贷款占总贷款余额比重	3
	5	民营经济贷款余额	3
	6	财政扶持指数	6
	7	域内高等院校数量	2
	8	营商环境	6

表C2(续)

分类	序号	指标名称	权重
发展动能（20%）	9	民间投资增速	4
	10	民间投资占比	4
	11	民营高新技术企业数	3
	12	民营科技型中小企业数	3
	13	民营经济改革创新	6
发展水平（20%）	14	民营经济增加值	20/3
	15	民营经济增加值增速	20/3
	16	民营经济增加值占地区生产总值比重	20/3
发展绩效（20%）	17	民营经济登记就业人数	5
	18	民营经济税收总额	5
	19	四川民企 100 强户数	5
	20	民营上市公司数量	5

对每个二类指标进行标准化处理，设置每一个指标的权重，加权算术平均得到一类指标分指数，一类指标分指数算术平均得到市（州）综合得分。市（州）综合得分算术平均得到四川省民营经济发展指数。

测算参考世界银行发展指数的“双限”计分方法，即设置上限值和下限值。对发展规模类指标做对数线性变换，以反映边际递减效应。得分计算公式为：

$$DF = x_0 + \frac{x - x_{min}}{x_{max} - x_{min}} \times 100$$

式中，x_0、x_{max}、x_{min} 分别为该项指标基础得分、上限值和下限值。

四川省民营经济发展指数与半年度指数的相关系数达到 0.975，显著正相关（见表 C3）。

表 C3　四川省民营经济发展指数与半年度指数的相关系数

	QNZS	BNZS
QNZS	1.000	

表C3(续)

	QNZS	BNZS
BNZS	0.975***	1.000

注：***、* 分别表示在1%、10%显著性水平上显著。

四川省民营经济发展指数综合得分与发展主体的相关系数是0.659，综合得分与发展环境的相关系数是0.766，综合得分与发展动能的相关系数是0.829，综合得分与发展水平的相关系数是0.887，综合得分与发展绩效的相关系数是0.944（见表C4）。

表C4　四川省民营经济发展指数与一类指标的相关系数

	综合得分	发展主体	发展环境	发展动能	发展水平	发展绩效
综合得分	1.000					
发展主体	0.659***	1.000				
发展环境	0.766***	0.412*	1.000			
发展动能	0.829***	0.217	0.707***	1.000		
发展水平	0.887***	0.424*	0.635***	0.844***	1.000	
发展绩效	0.944***	0.697***	0.569***	0.673***	0.780***	1.000

注：***、* 分别表示在1%、10%显著性水平上显著。

四川省民营经济发展指数综合得分与地区生产总值的相关系数是0.729，综合得分与民营经济增加值的相关系数是0.752（见表C5）。

表C5　四川省民营经济发展指数与地区生产总值相关系数

	综合得分	地区生产总值	民营经济增加值
综合得分	1.000		
地区生产总值	0.729***	1.000	
民营经济增加值	0.752***	0.999***	1.000

注：***、* 分别表示在1%、10%显著性水平上显著。

四川省民营经济发展指数与市（州）地区生产总值和民营经济增加值的线性拟合图分别如图C1、图C2所示，民营经济发展指数可解释市（州）53.1%的地区生产总值变化情况和市（州）56.5%的民营经济增加值变化情况。

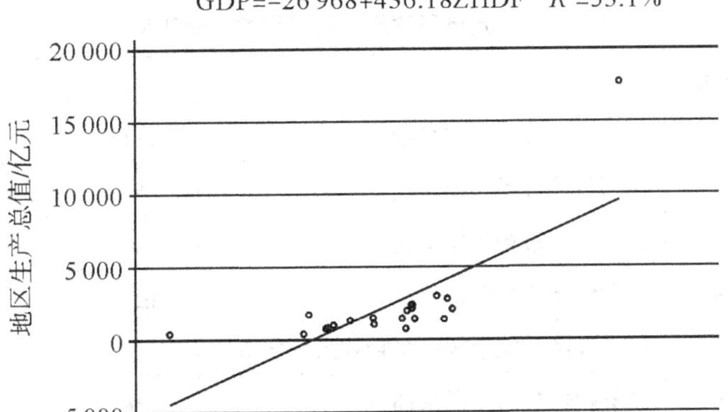

图 C1　四川省民营经济发展指数与市（州）地区生产总值

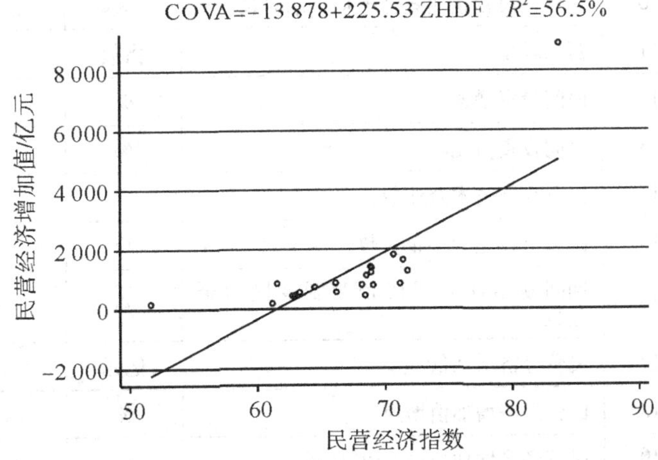

图 C2　四川省民营经济发展指数与市（州）民营经济增加值

三、达州市民营经济发展指数指标体系、权重及算法

表 C6　达州市民营经济发展指数指标体系

一类指标	序号	二类指标	单位	权重
发展主体	1	民营经济市场主体总量	万户	20/3
	2	民营经济市场主体占比	%	20/3
	3	民营经济市场主体增速	%	20/3
发展环境	4	民营经济贷款余额	亿元	2
	5	民营经济贷款余额占总贷款余额比重	%	2
	6	融资担保公司担保余额	%	2
	7	政府采购授予中小微企业指数	指数	3
	8	民营经济参与 PPP 项目指数	指数	3
	9	域内高等院校数量	家	2
	10	一审涉民营企业案件平均审结时长	天	3
	11	营商环境	指数	3
发展动能	12	民间投资增速	%	4
	13	民间投资占比	%	4
	14	民营高新技术企业数	户	4
	15	民营科技型中小企业数	户	4
	16	期间新增建立现代企业制度民营企业数	户	4
发展水平	17	民营经济增加值	亿元	5
	18	民营经济增加值增速	%	5
	19	民营经济增加值占 GDP 比重	%	5
	20	民营经济对经济增长的贡献	%	5

表C6(续)

一类指标	序号	二类指标	单位	权重
发展绩效	21	民营经济新增就业指数	万人	4
	22	民营经济税收指数	亿元	4
	23	民营企业出口增速	%	4
	24	四川民企 100 强户数	户	2
	25	民营上市公司数量	户	2
	26	规模工业民营企业增加数	户	4

对每个二类指标进行标准化处理，设置每一个指标的权重，加权算术平均得到一类指标分指数，一类指标分指数算术平均得到市（州）综合得分。县市区综合得分算术平均得到达州市民营经济发展指数。

测算参考世界银行发展指数的“双限”计分方法，即设置上限值和下限值。对发展规模类指标做对数线性变换，以反映边际递减效应。得分计算公式为：

$$DF = x_0 + \frac{x - x_{min}}{x_{max} - x_{min}} \times 100$$

式中，x_0、x_{max}、x_{min} 分别为该项指标的基础得分、上限值和下限值。